唐君毅先生全集卷二之一

心物與人生

臺灣學生書局印行

目錄

自序……一
第一部　物質、生命、心與眞理……一
第一章　物質與生命（上）……一
第一節　辨物質爲根本之諸意義……一
第二節　辨生命、心、依待物質而存在……一七
第三節　辨生命、心之本體之不存在……二〇
第二章　物質與生命（下）……二九
第一節　辨物質之意義……二九

第二節　辨生命與物質之不同……三四
第三節　辨生命力之無限、及物質與生命之相通……四六
第三章　生存之意義……五三
第一節　辨生命力之廣大、與不爲物質環境所限制……五三
第二節　辨生命活動之目的非身體之保存……五九
第三節　辨生物之進化不能以身體保存之觀念說明……六九
第四節　辨生命性的活動之意義……七一
第五節　辨生命之自身無所謂死……七四
第四章　人心在自然的地位（上）……八三
第一節　辨心之存在……八三
第二節　辨自覺爲心理活動之基礎……八五
第三節　辨心理活動與生物之自利本能……九五

第五章　人心在自然的地位（下）……一〇一
第一節　辨心理活動之超感覺經驗……一〇一
第二節　辨心理活動超生理活動……一〇六
第三節　辨心不為其對象所限制、及主觀與客觀之不離……一一二
第六章　辨心之求真理（上）……一二一
第一節　辨心之律則之永恒性……一二一
第二節　辨求眞理之心為一客觀的心……一二六
第三節　辨自覺的運用自覺力之意義……一三一
第四節　辨自覺的運用自覺力之心卽宇宙之中心……一三五
第七章　附錄：辨心之求真理（下）……一四二
第一節　辨絕對眞理不在心外……一四二
第二節　辨絕對眞理之相對性與絕對性……一四七

第三節　辨求絕對眞理之心之絕對滿足……一五〇
結　論……一五四

第二部　人生與人文……一五九

第一章　「生命世界」、「心靈精神世界」之存在性與客觀性……一五九
一　所感覺的物質、直覺的生命、與自覺的心……一五九
二　生命心之客觀性……一六三
三　充滿生命與心靈之自然觀與社會觀……一六五
第二章　人心與真美善……一七〇
一　人有求眞善美之心……一七〇
二　人心之特質在能自覺……一七二

三　由自覺到眞理與知識……一七四
四　由自覺到想像之美的世界之發現……一七六
五　由自覺到善與仁心……一七八
第三章　精神與文化……一八二
一　心靈與精神之涵義之不同……一八二
二　生產工具、物質文化，與人心……一八三
三　社會之存在基礎，與人之求眞美善之心……一八六
四　創造文化的精神……一八九
第四章　人文世界之概念……一九二
一　導　言……一九二
二　知識學術……一九二
三　生存技術與其事業……一九四
四　技術與藝術……一九四

五　文　學……一九七
六　生存技術與社會經濟……二〇〇
七　法律與政治……二〇一
八　道　德……二〇三
九　宗　教……二〇五
十　教　育……二〇六
第五章　人生之智慧……二〇九
前　言……二〇九
一　入夢所思……二一〇
二　訪哲人因緣……二一五
三　唯心論者叔本華之感慨——盲目意志慧……二一九
四　生命主義者尼采之越人理想——生命衝動慧……二二三
五　唯物主義者馬克斯之悔悟——物質欲望慧……二二六

六　理性的自然主義者斯賓諾薩—自然理性之道德慧—愛慧……………………………………二三一
七　理性的理性主義者康德—自覺理性之道德慧—敬慧……………………………………二三八
八　詩哲歌德席勒(Schiller)—藝術慧—「和樂」慧……………………………………二四四
九　超越理境企慕者理想國建立者、柏拉圖—哲學政治慧—智義慧……………………………………二四九
十　耶穌崇拜者奧古斯丁—宗教慧—謙信慧……………………………………二五五
十一　儒家精神之說明者子思—人性人文慧—全德慧……………………………………二五九
十二　餘論—釋迦門前的談話—勇猛慧—空明慧—悲憫慧……………………………………二六六

心物與人生

本書第一部「物質・生命・心與眞理」寫成於一九四一年。第二部「人生與人文」各篇寫於一九五〇年至一九五三年。一九五三年十月，作者將上述二部各篇修訂合併，定爲今名，交由亞洲出版社出版，至一九五七年共發行三版。一九七四年十二月，改由臺灣學生書局印行，並增加「我與宗教徒」一文作附錄。全集所據爲學生書局版，並經全集編輯委員會重新校訂。附錄之「我與宗教徒」一文因已附於「青年與學問」中，不再重出。

自序

本書分二部，第一部物質生命心與眞理，第二部人生與人文。爲簡單計，乃合名心物與人生。以論理次序第一部應在前，但第二部較易引起興趣，讀者亦可先讀第二部再讀第一部。此書目的，在爲一般讀者指出一宇宙觀人生觀人文觀的道路。其中只有第一部第七章的三節，比較深奧些，故列爲附錄。關於此書寫作之因緣，今略述於後。

此書之第一部，是我在民國三十年前擬名「人生之路」一書之第三部份。其他兩部份，一名「人生之體驗」，已由中華書局出版。一名「道德之自我建立」由商務印書館出版。此部，中華書局本待印行，但是，我當時覺眞要講哲學，直接由知識論到形上學到宇宙論，或由道德文化反溯其形上學根據，再講宇宙論，比較更能直透本原。從自然界之物質、生命，講到心靈、知識、人生文化，固亦是一路，然卻是最彎曲的路，故將此部停止出版。不過據我多年的經驗，一般青年學生，一般社會上的人，所易感到之哲學問題，仍是如何從自然宇宙去看人之生命心靈之地位價值，以定其人生文化理想的問題。人如此去想，易有常識、一般科學知識、與流行的哲學意見作憑藉。然亦可隨意引出意見，而止於一些膚淺混亂之談。此部則是一方求不違常識之所共許，與已有之科學知識，一方用一比較謹愼的態度，反復的辯論方式，去次第廓淸一般人對此等問題之隨意論斷與膚淺混亂之談者。其用意則在指示一「提高人心在宇宙中之地位」之哲學思想方向。此書對「物質生命心靈三者所表現之各種形式或範疇，物、生物與人之個體性，宇宙最後眞宰最後實在爲何？」等問題，皆未論及。只以一根思想線索，貫注於反復之論辯之中，使人對自然宇宙之認識，由物至生物至心，一步一步深入而漸達高明。讀者只要耐心依序去看，並將前後文之思想，自己加以綜合貫通，即可逐漸擴展爲通達其他眞理之自然宇宙觀，確見生命世界之高於物質之世界，心靈世界之高於生命世界，而爲自然宇宙之中心。當我寫此部時，唯出於求眞理之心，而歸於如是之結論。初不料今之唯物論之思想，竟憑政治力量，而成中國大陸唯一之哲學。本來眞理自在天壤間，千萬人信之不爲多，一人信之不爲少——即無一人信之，眞理之爲眞理也自若。然學人精神之可貴，又在其不忍眞理之被埋沒幽囚於黑暗之中。彼雖不敢言已得全部眞理，然必望與天下人，各本其理性與良知，共砥礪切磋於探求眞理之途中，望被埋沒幽囚之眞理，漸昭露顯發於光天化日之下。我之此書縱一無所是，然在其若至愚至笨之對話中，所表示之虛心求眞理之態度，處處替對方之疑難設想之態度，則可與天下人共見，而啟發當今一討論學術之正當態度。只此一點，自信可於世有益，故將此舊作，加以修改發表。著作雖舊，而其精神則今日方見其新也。

至於本書之第二部，則多爲曾在「人生」一刊發表而再加改正者。此部與第一部同爲一般讀者說法，而非對專治哲學者立言。且同重在指示一哲學思想之方向，而未嘗和盤托出全部之結論。讀者無論讀此書之任何一部，如果能由此會通於其他眞理、其他思想，則是讀者的成功，亦是著者的安慰。如果只停於此書之所說，則是讀者之失敗，亦是著者的失望。此書是一橋樑，一道路，而尙非一安息的處所。其中所當通到的，比其所已表達出的多。第一部如此，第二部更是如此。其不同處，在前者是以自然爲中心，從物質生命論到人心與心之求眞理；後者是以人自己爲中心，而從人心論到人生與人文。前者是枯燥的論辯，而後者則多少含有情味。前者是對話體，後者是論述體與抒情兼說理的韻文體。又第二部之論文四篇，乃合以說明人類文化，皆原於人心靈精神之求實現眞美善等價值。此中「生命世界心靈世界之存在性與客觀性」一文，可說是直接本書第一部來的。讀者只要眞相信了第一部所說，則必將承認生命世界心靈世界之客觀存在，並可親切的體會到自己之人生，卽生於客觀存在之生命世界心靈世界中。「人心與眞美善」一文，與第一部論人心在自然界中之地位一章及心之求眞理一章，有相通處。此文重在指出人之自覺心，不止根於自然世界，而且爲昭露顯發眞理之世界、(此乃上部心之求眞理一章之更淺近的說明）美之世界，並能贊天地之化育，以建立人類之善的理想者。至於精神與文化，與人文世界之概念二篇，則本於人之求眞美善等之心，以說明人類社會文化之起原，及各種文化領域之分劃。此四篇文字，最淺近易看。一般讀者如不習於上部之曲曲折折之對辯，可以先看此四篇。

至於人生之智慧一篇，則是藉古人之思想，以發抒我心中之所懷。此文一方要人與現實有一隔離，而發一思古之幽情；一方即是要人眞實的提昇其對人生人文之了悟，而逐漸形成一高遠潤大的人生人文之理境，並對人生人文增益其愛護崇仰之情。由此讀者當可自動去形成其對人類未來之文化之理想，這是我本書未論的。在此文中，只有一些與發慧解的字句，供人體味，莫有以前的那種斤斤較量的對辯，或似乎冷靜客觀的討論。在此文的立場中看，那些對辯討論，都是對門外人說門外話。而此文則可謂是說門中庭裏的事，但尚未說到最後。人如果要問，畢竟最後的話如何？則我的答覆是再從庭中，往上看，往裏走，看更大的天地。走到山窮水盡疑無路，將見柳暗花明又一村。這是指的讀者自己內心應有的開悟。

唐君毅自序　四十二年於香港

此上是本書香港亞洲出版社之初版序。此書在香港曾發行至三版，在四十六年後，即無新版發行，仍時有人要買此書。故今改由臺灣學生書局另作新版發行，並增加附錄一篇。是爲本書之增訂本。至于此書論心物與人生之不足者之處，則可由我後來之著述，及他人著述，加以補正。

唐君毅補誌　六十三年十月于香港

第一部　物質、生命、心與眞理

第一章　物質與生命（上）

第一節　辨物質爲根本之諸意義

常識：愼思先生，我們相交多年，但不曾向你請教過哲學。我知道你長於哲學，我今天開始向你請教。好嗎？

愼思：不敢當，我知道你自己有一套哲學。並且你可由任何常識、科學知識，以引申一套哲學，而取一切哲學家之意見，爲你之哲學。

常識：不錯，我正是因我有一套哲學——只是一不成套的一套，所以我要請教。老實說，我很懷疑，你平時對人講的一套哲學，說來太可愛好聽了。你處處誇張人之生命、心靈、精神、文化、道德在宇宙中之地位，那自然使人聽了很高興舒服。但是我想「信言不美，美言不信。」太能滿足人的願望，而太恭維人的哲學，未必是眞理，所以我今天要來問難你一下。

愼思：你說我的哲學未必是眞理，我可以承認。是否能滿足人的願望，我亦不敢說。我尊重人之生命、心靈、精神在宇宙中之地位，同時是加重人的責任，未必卽能使人聽了很舒服。假如他能滿足人之一些願望，那只是我之哲學之附帶的效果。我最初只是爲求眞理，而自然得如此之結論。亦許下意識中，是在滿足人之願望，才逼着我之思想，爲這結論尋找理由建立理由。但這是無憑證的事。而且我想縱然如此，亦沒有什麼關係。因爲在權衡我的哲學是否眞理時，評定的標準在眞理的自身。我的下意識，是無權過問的。所以我們可以盡量以眞理爲我們的目標，來進行我們的討論。我希望先聽你對於我平日對人講的那一套哲學之批評。

常識：說到批評，我又不敢當了。我只是有一些懷疑。我想，眞正的哲學批評，應當站在一眞成套的哲學，批評另一套哲學。而我那一套哲學，我自己不是已承認是不成套的一套嗎？不過，我想哲學亦不必要成套。成套的哲學是被套住的哲學，所以，不成套的哲學，亦許才是眞的哲學。

愼思：很好，而且我常常恐怕我自己的哲學，把我自己生命都套住了，我很願意同你這不成套的哲學家論辯。因爲你可以把我引到我自己的哲學之套子外邊來，我還可多呼吸一些更自由的空氣。你儘可發你一些不成套的疑問。而且對他人的疑問，應該是不成套的。發成套的疑問的人，一定是他自己已有答案的人。他人的答覆，對他反而沒有什麼用處。

常識：不過你雖然允許我發不成套的疑問，你願意跳出你的哲學之套子來同我討論哲學，我還要與你訂一約。我常常覺得同哲學家說話是一件麻煩的事。哲學家思想系統，猶如一八陣圖。只要你一被引進，轉幾彎，他的推論便把人逼得走頭無路。一陣飛砂走石的名詞概念，便弄得人昏天黑地。所以我希望你不要跳出套子來，只爲把我拖進套子去。我要同你說明，我是可以隨時轉換我的論點的，我先要取得亂發問的自由。我錯誤了，我自己承認。但是我有換一方向來攻擊你的自由。你要知道我的武器只是常識，你拿對付眞正哲學家的辦法，來對我擺陣勢，那你便是欺負弱者了。假如你要這樣辦，我只有在你陣前望望算了。如果被你逼入陣中，被你作法困住而死，我死亦不心服的。

愼思：只要對於你錯誤的地方你承認，你可以轉換方向來攻擊我的。我對你決不擺陣勢。我並不用許多名詞概念來束縛你，不過推論是免不掉的。我的推論不是陣中的迷道，只是田間的阡陌，可以讓你來去自由。但是方向的辨別，卻須靠你自己。如果你辨不淸方向，在田間的阡陌上迷了路，那我至多把你拖轉過來走。至於你走縱橫之路過多而自己頭昏，我可不負責任。你應自求淸醒。

常識：我們的約已訂好，我現在便要開始發問。我現在要從你認爲最可笑最淺的問題問起。因爲我的知識只是常識，常識是從最淺最平常的地方開始的。

愼思：我想哲學家和一般人接近的時候，正應該答覆一切最可笑的問題，不然哲學家便成爲最可怕的了。你儘可以發你最可笑的問題、最淺的問題。我看你的問題淺而可笑到什麼程度。

常識：我根本懷疑生命、心或精神在宇宙間，究竟有什麼特殊的地位。我認爲一切都是物質。

愼思：那你的思想就是唯物論。有人說唯物論的思想比一切哲學都要老些，原始人的思想，都近乎唯物論。唯物論可說是哲學的祖宗。祖宗並不可笑。

常識：不過唯物論是一不死的祖宗，所以他永不會老。他在二十世紀還是筋強力壯的少年，現在一般人仍自覺地或不自覺地相信他，而且我們不願意祖宗死。

愼思：這祖宗其實已死了。他是死在他子孫的懷裏，所以他死時並不感苦痛。他死，他子孫存在。他在他的子孫中，看見比他自己偉大的生命，所以他雖死無恨。你亦不必代他悲哀。假如你及許多人覺得他尙未死，那只是你的幻夢。

常識：我們最好不要再用比喩。我請問你唯物論有什麼不對。

愼思：我先請問你，所謂物是什麼意義？「你要同我說話，請先確定你所用的名詞之意義。」

常識：我已經知道你反問我的意思，你要我確定物是什麼，就是要我確定什麼是物。我說了什麼東西是「物」，當然就是有不是「物」的東西。因爲既有是「什麼」的，就有不是「什麼」的。那我說一切都是物的學說，便不能成立了。我知道你的計策，我不上你的當。你要問我，物是什麼，我不須用確定的定義給你。物是什麼，是我們在常識上已共許的。我可指物給你看，這眼前的山水天地日月草木，連你的身體都是物質。要問我什麼是物？我的答覆是什麼都是物，物就是一切。

愼思：不過我想你對我反問的問題，仍然躲不開。因爲你是說一切都是物，物是一切。「一切」與「物」的意義全相同，那你說一切是物，等於說一切是一切。你的話只是一重複，沒有什麼意義。你以「物」代表任何東西，那你的物的意義便與「存在」或「有」之意義相同。說一切是「物」，等於說一切是「存在」，一切是「有」。但你沒有說明「存在」是什麼，「有」是什麼。你應該主張唯存在論或唯有論，不應該主張唯物論。你主張唯物論，你所謂物一定特有所指。

常識：你一定要我說物是什麼，要把物的意義與存在分別，那麼我便可同你說：「物質」就是客觀存在的實體，不隨我們主觀的意志而轉移的東西（此亦卽辯證法唯物論所謂物之一定義）。如眼前的天地日月山水，不能只因爲不喜歡他這個樣子，他就不這個樣子。你雖然可以用行爲改變他，但不能自由改變他。你必須依着他本身的規律而改變他。

愼思：我覺得你的話仍然有語病。你所謂客觀存在的實體，亦可以概括我們通常所謂心。他人的心，亦可謂對你之客觀存在的實體。他人的心亦不能隨你個人主觀的自由意志而變。假如你所謂客觀存在，是對整個人類而言的客觀存在，那麼生物的生命，對整個人類亦是客觀存在，不是人類的自由意志可隨意改變的。你仍須依着他本身的規律才能改變他們。

常識：他人的心，生物的生命，我們不能自由改變他，正因爲他人本身是一客觀的物質存在。生物的本身是一客觀物質之存在。他人的心、生物的生命之客觀存在，依於一最根本的客觀存在之實體，這就是物質。

愼思：那麼你已承認物質之客觀存在外，尚有他人的心之客觀存在、生物的生命之客觀存在了。你所謂唯物論並非只有物一種客觀存在，不過說物之客觀存在是最根本，爲一切客觀存在之所依而已。

常識：雖然我們亦可說他人之心、生物之生命都是客觀存在，但因他們依於根本之物質而存在，所以我們只說物質是眞實的存在。我們只說物質存在就夠了。

愼思：我想假如你只說心與生命依物質而存在，在你的話裏面，已含有心與生命不是物質的意義。你所謂物與生命心之意義決非同一的。假如是同一的，你便不必用「依」字。一個東西依其他的東西，便表示這兩個東西是不同的。一是能依，一是所依。你一定要承認能依所依二者，然後才能說「能依」依「所依」而存在。**你必須承認生命、心與物質三者，然後才能說生命、心依物質而存在。**所以你只承認物質存在，你的話是不夠的。

常識：我們說話的時候，自然免不掉要承認能依所依二者。我們須先承認生命、心與物，然後才能說生命心依物而存在。但是生命、心，依於「物質」而存在，那生命、心便附屬於物。物是主，生命、心是客。物是根本，生命、心是枝葉。我們可以舉物以概括生命、心。

慎思：那麼我便要問你據何理由，而知道物是根本是主，生命、心是枝葉是客？

常識：我們說物質是主是根本的理由很多。最顯而易見的，我們知道物質充滿大宇宙中，無數的星球，大多數都沒有生物存在的證明。拿太陽系來說，我們只知道地球有生物。而我們把地球上一切生物身體之體積，全部計算起來，比地球本身所含的物質不知少多少倍。生命只在生物身體中才存在，至於心只存在少數高級生物之身體中。從量上來看、空間上來看，生命與心力量所及之範圍是太小了，所以我們說物質是主、是根本。

慎思：你這一理由，我覺得很不妥當。因根本枝葉之別，不能從空間上之量之多少上分別。我想人都承認腦髓是人身體中較根本的部分，但是腦髓在人身體中所佔體積很少。而且即就你所謂根本與枝葉二字原來所指之植物來說，植物枝葉扶疏，正遠較樹根之體積爲多。從你的比喻，我們亦可用來證明物質之多，乃是因爲物質是枝葉。

常識：我的話還未說完，我們的第二理由：是從出現時間的先後上說。我們都知道在若干萬年前，地球初凝結時，地球中沒有生物。再上溯到星雲時代，太空中只有氣體的旋轉，更不含有生物。有生物而後有生命，生物進化而後有人類，有人類才有我們平常所謂心。所以生命與心是後來出現的，物質是早有的。早有的應當是根本，後來的應當是枝葉。

慎思：縱然物質先有，生命、心後有，先有與後有仍不能作根本非根本分辨之標準。我們仍可以人身之腦髓再作比喻。人的腦髓之發育最後才完成。二歲的小孩，頭頂尙未合攏。然而腦髓正是人身之較根本之部份。又如我們個人思想之發展，我們的根本主張恒最後才完成。我們零碎的思想總在前，根本而一貫的思想總在後。又如我們作文，我們根本主旨亦不一定先拿出來，而常在文之後部才拿出來。再如一好戲之演出，根本在好的主角，而此主角亦不一定先出臺。宇宙亦許就是一劇臺，宇宙主角之生命、心，縱然眞正後出臺，亦可是因爲要讓物質之副角，把主角出現以前之情節先表演了，讓主角再出來好好的演劇。所以我想只是從先有與後有，定根本非根本，仍然有缺點。何況物質亦未必眞是先有，不過我們現在可姑只順着你的思路說。

常識：我的比喻亦許有缺點，但是我的意思是說物質先有，生命心後有，生命與心必待物質之有而後有，所以生命與心之出現，依物質之出現而後出現。生命與心不能單獨出現，物質才能單獨出現，所以物質是根本。

愼思：我想一個東西待一個東西之出現而後出現，亦不能證明他就非根本而後者爲根本。譬如種子要發芽，必須先有日光水分；但是我們不能說日光水分是芽之根本。因爲日光水分只是芽發出之條件。假如物質眞是較生命心先出現，我們亦可只視物質爲生命心出現之條件，如日光水分之於芽。

常識：我很歡迎你這個比喻，你以芽比喻生命、心很好，只是你以水分日光比喻物質，我不能同意。因水分日光是芽以外的東西。我以爲所謂生命、心是屬物質以內的。我們應當以種子比喻物質，芽比生命心。芽自種子發出，種子是芽之根本。生命、心自物質來，所以物質是生命、心之根本。

愼思：我的話只是對你以先後出現，判斷根本非根本之話說，所以舉出另一比喻來破斥你之說。你要另舉一比喻來證明生命、心出於物質，我亦可以就你這新比喻來討論。我覺得，你這新比喻包含一更大的危險。因爲芽自種子生出，是因爲種子中已有芽的成份。如你所謂物質相當於種子，則其中當有生命與心之成份，那你便不能稱之爲純物質。

常識：我反對你所謂成份的話。種子中只可謂有生芽的可能。所以種子並不是芽，種子還是種子。宇宙原始的物質中，只可謂有產出生命、心的可能，所以物質還是物質。

愼思：我准許你用可能代替成份二字，因爲在我看來一個東西包含某一種可能，就可謂包含某一種成份，這是我們各人所用術語之不同。

常識：我認爲成份與可能不同。成份是那東西上實際上具備的，可能不是那東西具備的。原始物質實際具備的成份只有物質，生命、心只是可能產出的東西，所以不隸屬於原始物質之本身。生命、心只是原始物質中所含之「可能」。

愼思：我想你不能把一個東西所含的可能，同那東西本身分開。一個東西之性質，就是那東西所含的可能之全部。一個東西，離開他含的各種可能，亦就沒有那東西。如我們說氧氣，此氧氣，決離不開由氧氣所可能發生之各種作用。離開了氧氣所可能發出之各種作用，我們無法了解氧氣之性質，也將無法分別氧氣與其他原質之不同。所以我們說某一種種子，我們決不能把種子與他所可能發之芽、長之幹、開之花離開看。如果離開，我們將不能眞正了解那種子之性質是那一種種子。所以一個東西所含的可能，就是構成那東西所以成那東西之成份。因此，假若你所謂原始物質，是眞有產出生命、心之可能的話，我們當名之爲包含生命、心意義之物質，不能單名之物質。猶如長菊花的種子，我們不能單名之種子，當名之菊花種子。你說菊花種子不是菊花是不錯的，但是你說不是菊花種子就錯了。你說芽不是種子是不錯的，你說某一種子不是發某一種芽的種子就錯了。所以你說先有原始物質縱然不錯，但是你說他只是物質，而不說他是包含生命心之意義的物質，便錯了。

常識：我不反對宇宙之原始物質是包含生命、心之意義之物質，我亦可以接受你替我改變的名詞。我願意說那原始物質是包含生命、心之意義之物質，猶如我願說某一種種子是包含開某種芽或花之意義之種子。但是你要注意，在種子未長出芽與花時，種子只是種子。原始物質未產出生命、心之時，原始物質只是物質。我說種子是芽之根本，物質是生命心之根本的話，你並未能打破。

愼思：你以種子爲芽之根本，喩物爲生命、心之根本。但是你不曾說明，依何意義而說種子是芽之根本。我們爲什麼不可說發某一種芽、開某一種花，就是某一種子所以爲某一種子之根本。你不能根據先有種子後有芽之說，來證明種子爲芽之根本。因爲只就先後本身來定根本非根本之不當，我們已批評過了。

常識：種子是芽之根本，因爲我們親見芽自種子發出。物質是生命、心之根本，因爲科學告訴我們生物人類自只有原始物質之地球中慢慢進化而來。

愼思：只親見一東西自何處發出，不足證明那東西卽自那處發出，那東西之根本卽在那處。猶如我們親見電影自銀幕上反映過來，似乎自銀幕上發出；然而在實際上電影之光是自電影機發出，他只託銀幕而顯現。姑無論科學家不曾親見生命心自原始物質中發出。卽是親見亦不能證明物質是生命、心之根本。因爲生命、心亦許只是托物質而顯現。

常識：但是我們看電影後，我們知道反轉來看電影機，知道電影機是電影光所自出。然而我們卻不能找出另一地方爲生命、心之所自發。

愼思：但是假如我們是一很愚笨的鄉下人，突然坐在銀幕前，從來不曾轉過頭來看電影機，亦無關於電影之任何知識，我們不是會以爲電影眞自銀幕發出嗎？我們之找不着生命、心所自發之另外的源泉，亦許就因爲我們不曾轉過頭來。

常識：不過你的話只能是「亦許」，你不曾確指這另外的源泉與我們看。你須先成立一超物質界，然後我才能相信你。

愼思：我在此地尙用不着確指，我只說明你的親見不足爲憑。因爲那愚笨的鄉下人，亦可以他的親見，來主張電影自銀幕上發出的，銀幕是電光之根本。因此，你不能由你親見芽自種子發出爲理由，便說種子是芽之根本。你亦不能假想宛如親見生命、心自原始物質中發出，便說物質是根本。你的話應當修改，只說親見是不夠的。

常識：那麼我可以說沒有種子便沒有芽，故芽之有，依於種子之有，所以種子是根本。此比喻宇宙莫有物質卽無生命、心，故生命、心之有，依于物質之有；物質是根本。

愼思：我要先問你芽之有、與種子之有，旣同是一「有」，何以此之有，要依於彼之有，而說彼之有是根本？

常識：芽之有與種子之有雖同是一有，但當種子有時芽尙無。說芽是有，也只可說芽爲「可能的有」；種子之有則已是「現實的有」。可能有的芽必依於現實有之種子。現實是可能之根本，所以種子是芽之根本。依同理，自然宇宙最初之現實的原始物質，是後來可能有之生命、心之根本。

愼思：我想你說現實是可能之根本，自一方面說是對的。但是我們從另一方面，亦可說可能是現實之根本。

常識：我不懂你的意思。

愼思：你說現實是可能之根本，是說沒有現實，便無可能，如無某種便無某芽。但我亦可以說，若是一以後不會生某種芽的種子，其現在亦就不會是這個樣子。我們可以說，不是氧氣便不能燃燒，但是我們亦可說，不能燃燒便非氧氣。所以我們亦可說若無可能亦無現實。你可以說若無現在則無將來，我亦可以說若無將來亦無現在。

常識：但是現實在先、種子在先，可能在後、芽在後，所以現實是根本。

愼思：現實並不在可能之先，只在「尚未實現的可能」現實化之先。種子並不在「芽之可能」之先，只在「芽之可能」現實化而成芽之先。所以你不能自現實可能之先後說現實是根本，猶如現在並不在可能的將來之先。現在只在指定的將來化爲現在之先，你不能由此說現在是將來之根本。

常識：將來未化爲現在時，現在已是現在了。所以現在是根本。芽未成芽時，種子已是種子了，所以種子是芽之根本。因此現實是可能之根本。

愼思：但是現實未成爲現實時，必先是可能。當一草木之種子未結成時，此草木已有結成此種子之可能，那我們何不說、種子之現實依於種子之可能。一切未生的東西，必先有「生的可能」而後生，那我們何不說「可能」爲一切現實之根本。每一種物質，在未表現某一狀態時，必先有表現某一狀態之可能，所以表現某一狀態之可能，爲物質表現某一狀態之根本。猶如現在都是過去的將來，必先有過去的將來而後有現在。所以我們亦可說將來是現在之根本。在我看來，可能與現實只從時間上看，並無一定意義之先後可分。若要分先後，則可說先有某現實而後有其可能，亦可說先有某現實之可能，而後有某現實。若不談上帝，你永不能找出一最初的現實。因爲若一切現實都表現於時間，則在其未表現於某時間之前，都只是可能。

現實與可能在時間上看既無一定之先後，所以你不能根據現實在先、可能在後而說現實是根本。你不能在種子現實而芽尙只是可能時，說種子是根本。亦不能在宇宙間只有原始物質現實，而生命、心尙只是可能時，說原始物質是根本。現實是眞有的，可能亦是眞有的，使現實可能的亦是眞有的。可能的成爲現實的，現在的現實再過去，其他的可能又成爲現實。從現實方面看，必須有現在的現實，其他的可能才會成現實。從可能方面看，必須有可能，而後一切現實才可能。所以你只從現實方面看，而只以現實爲眞實、爲根本是不對的。因爲現實與可能既相待而有，我們又何嘗不可說，可能是現實的根本？可能既可說是根本，那麼我們就在你所謂只有原始物質現實、生命與心尙只有可能之時，又何嘗不可由：當時之有生命心之可能，爲以後生命、心之現實之根據。而說生命、心與物質同是根本的，同是眞實的？

常識：你的話我亦可承認，但是你還要注意一點，現實的已經現實了，而可能的可以永不實現。世間上可能的事太多了，然而多未現實。所以「現實」，始終較「可能」更多眞實性。當宇宙只有物質時，物質已現實了，而生命、心尙未現實。在當時說，他們可以不現實。種子已有了，而芽尙未生，芽可以不生。所以種子更眞實，物質更眞實。

愼思：我想你的話仍錯了。因爲你仍然只以現實爲眞實，所以你說，可能未必化爲現實，可能不如現實之眞實。但假如你自始就承認，我們上所說「可能」與「現實」都是眞實之說，則可能雖未必化爲現實，然而他仍可與現實同樣眞實，爲構成宇宙之所以成爲宇宙者。

常識：假如說不現實的「可能」，亦可以與「現實」同樣眞實，那麼假如宇宙間永遠只有物質而無生命、心亦是可能的；這樣一來，宇宙間有生命、心，便只是偶然的。不過是因爲那些原始物質，恰巧如何轉變結合，便使生物產出。假如不是那樣轉變結合，生物便可不生。猶如種子恰巧在適宜的環境便發芽，芽之生是賴環境之一些條件。芽之生，對於種子不是必然的。此喻生命與心之出現，對於原始物質，亦不是必然的。然而，原始物質，我們可說他是在最初便必然存在的。偶然對必然，必然的是根本，偶然的非根本。所以我們仍可說物質是根本。

愼思：我想你的話逐漸在變。你最初是自時間之先後，分根本與非根本；其次是自出現之相依，分根本非根本；其次是自親見，分根本與非根本；其次是自可能與現實，分根本與非根本；現在你是自偶然與必然，分根本與非根本。你的話在變，是不是？

常識：我的話雖然在變，但是我的意旨是連續的，後來的話是自前面的話引出。我只覺得我前面的話，不能眞代表我的意旨，所以我願意修正，但是我的意旨仍然一貫。

愼思：但是我認爲你的話還須再修正。縱然你可說，原始物質必然存在，你亦不能證明生命、心是偶然。這種子的比喻本身之含着不妥當，使你又陷於一錯誤。種子之生芽要待種子以外的條件，如日光水氣及其他，所以種子生芽的可能可不實現，于是你可說芽之實現對種子是偶然。但是假如種子不待其他任何外在的條件，仍可長成芽，那你便不能說種子之長芽是偶然了。然而你所謂宇宙之原始物質，已概括一切宇宙中原始存在之全部，此外並無其他的存在。那麼所謂原始物質之發展出生命、心，便是自宇宙之原始物質本身，自發展出生命、心。生命、心既是自你所謂宇宙原始物質本身發展而出，那麼你便只好說生命、心之發展而出，爲你所謂原始物質自性的要求。自你所謂原始物質，必然的將發展出生命、心，生命、心對你所謂原始物質，便決不是偶然的。偶然必然的分別，本來只可用於相對的事物。我們從一些定律去看事物，不依從此一些定律的事物，便似乎是偶然的了。但是對於整個宇宙，嚴格說，根本無所謂偶然必然。要說必然，則整個的宇宙中之一切事物，只要是曾出現的，其出現有所以出現之理，我們便當說他是必然的要出現的。生物人類既曾出現，其出現有其所以出現之理，那麼生命與心，便是必然出現的。你的錯誤，由於你只把一段時間之宇宙外表，作爲整個宇宙，所以你以生命、心之出現爲偶然。你以一段時間之宇宙外表爲整個宇宙，你的哲學不是眞正的哲學。因爲哲學應以整個宇宙爲對象。

第二節　辨生命、心，依待物質而存在

常識：但是我所謂偶然必然，尚可有另外的意義。我可以全不自宇宙之某一段時間之外表來說，我可以自整個宇宙，說生命、心是偶然。我可以重新界定我所謂偶然必然之意義。我說生命、心是偶然，因為他之出現是無常的。生物可以死，人類可以死，而物質是常住的，所以他是必然的存在。

愼思：我想你說物質宇宙是常住之說，並不可靠。因為物質宇宙亦是變化無常的。物質現象之旋生旋滅，與生命現象心理現象之有生滅是一樣的，分子原子可破壞，與生物人類之可死，是一樣的。

常識：物質現象可旋生旋滅，但物質的本體是常住的。一些分子原子可破壞，一切分子原子不會破壞完。縱然一切分子原子都破壞完，電子質子仍存在。分子原子之破壞，只是物質各種組織形式之破壞。物質之本身是不滅的，常住的。物質不滅，能力不滅。物質能力永遠存在，而生命與心不是永遠存在的。

愼思：我請問你，如何知道物質有本體而且是不滅的？我們所認識的只是物質的現象，一切實驗都只能就物質的現象而實驗。也許物質的本體並無此物，而只是有許多物質的現象互相轉易。因為每一種現象恒繼以另一種現象，現象與現象之轉易，有一種能量上之相等或平衡之關係，於是使你以為有一不滅的物質本體，而在實際上，可並無物質之本體，因為你不曾看見過物質之本體。

常識：物質的本體一定有的。沒有本體，現象從何處來？物質本體，我雖不可直接接觸，但是我可接觸物質之現象。有如此之現象，必有使如此現象發生之本體。

愼思：我們姑且承認你所謂立本體之理由。但你是爲要說明現象之來源而立本體，那麼你之立物質之本體，只是根據有物質現象了？

常識：當然我們只能根據現象立本體，不然便成爲幻想了。

愼思：那麼我們爲什麼不可根據生命現象，立生命之本體，根據心理現象，立心之本體？因爲就現象上說，生命現象心理現象與物質現象是不同的。不同的現象，何不說有不同本體？假如不同的現象，有同一的本體，心、生命之現象與物質之現象是同一的本體之現象，那麼對此本體，我們不應當只名之物質之本體，亦可名之生命之本體、心之本體。

常識：心理現象、生理現象，別無心或生命之本體。因爲生物人類死了，我們便不能在另外的地方看見生命、心的力量。一種物質現象消滅了，如紙燒化了，我們可以在另外的地方，發現此物質化成之其他物質與其力量，如我們可以發現灰同其他氣體化合物與其力量。然而生物死了，人類死了，生命、心便毫無力量表現了。只有他們的屍體還存在，然而屍體只是物質。一切生物人類，憑藉物質而生，死又復歸於物質。個人如此，整個的生物人類也如此。所以宇宙最初只有星雲與地球之物質。地球繼續變化運轉了，不知若干年，而後有生物人類。但是最後，地球冷了，太陽熱力滅了，一切人類生物，不復存在。仍只有無窮的物質，萬古不息的，在太空中運行。物質猶如大海，生物人類猶如海上之波。波升自水，又沉入水，水才是本體，波只是現象。

愼思：但是你怎樣知道生物死了，人類死了，一切生命與心，便毫無力量表現了。你焉知：生物人類之死了又生，不是由於原來的生命、心之重新表現他自己，成爲具另一種生命現象、心理現象之生物人類？猶如你所謂紙之物質重新表現爲灰或氣體？你焉知在未有生物人類以前之無窮時間中，不曾有無窮次之生物人類之出現？你焉知現在生物人類縱然毀滅完之後，將來無窮時間中，便不會有無窮次生物人類之再出現？你焉知在你所謂物質之本體外，不另有一生命、心之本體或更有一統攝此一切本體之更高的本體？你焉知你所謂物質之海之外，莫有生命之海心靈之海與之相重疊，他們只是在有生物人類之波處相交；在你所謂生物人類死時，生物之生命復歸於生命之海，人之心靈復歸於心靈之海？

常識：但是你不能指生命之海及心靈之海與我看，我們只看見物質之海。你的話只是玄想。生命之海心靈之海，我們看不見。

愼思：你說你看不見生命之海心靈之海，是在物質世界看不見生命之海心靈之海？還是在生命的世界心靈的世界，看不見生命之海心靈之海？我想你只能說在物質世界看不見生命心靈之海。因爲你前面的話，都是自物質世界看。但是你自物質世界看，不見生命心靈之海是當然的，猶如你在白的顏色中看不見紅的顏色，固體中看不見液體，鼻子中聽不見聲音，向東方望不見西方，在山穴中，看不見天。但你不能由此證明生命之海、心靈之海之不存在。

常識：但是你亦不曾證明，生命的海、心靈的海之存在。

愼思：假如你永遠向西方看，我永遠不能指東方之物之存在與你看。你要知道生命之海心靈之海之存在，你須自生命心靈本身看。

常識：我不能自你所謂生命心靈本身看。我看出的生命心靈之現象，只是物質之現象。

愼思：你相信不相信你之不能如此看，亦許由於你的習見，遮蔽了你，由於你的知識之有限制。

常識：亦許是因爲我知識有限制，我爲我習見所蔽，因爲人總是有錯誤的，猶如我覺你有錯誤。但是當我只是我時，我縱然錯誤了，亦只好相信我錯誤的見解。除非你能把你認爲眞理的使我相信。

愼思：那你認爲你有錯誤的可能了，你之不能自生命心靈本身看，可以由於你知識的限制，可以由於你只知自物質世界看了。

第三節　辨生命、心之本體之不存在

常識：當然我有錯誤的可能。但是你在未能教我自生命心靈本身看時，我仍然只好從物質世界看。

愼思：我現在尚不便教你如何自生命心靈本身看。我現在只是要你承認你之只知自物質世界看，可以由於你知識之限制。你只要承認這一點，那我就可以同你說，你那種只從物質世界看，而主張無生命、心之海之說，是不妥當的。只從物質世界看，而成立無生命、心之海的結論，你的理由是不充足的。因為從東方看，本來可以看不出西方之物之存在。

常識：呵，我想起了，我只從物質世界看的結果，我看出許多事實，可以證明生命之海心靈之海之不存在。猶如我們向東看一鏡子，我們看出西方並無物之存在。

愼思：那麼我要請問，你看出些什麼事實可以證明生命、心之海之不存在，生命現象、心理現象無另外的本體？

常識：事實很多：第一，是我們知道一切生物人類的生命現象心理現象，都是受物質現象所決定。物質現象決定生物人類之存在。所以只物質現象是眞實，只有物質之本體是眞實。我們看，一切生物人類之存在，都賴物質環境容許他存在而後存在。一年不雨，草木便凋枯了。洪水一至，陸地上的生物便一羣一羣的淹死。地殼一爆裂，人類便魂銷骨化。你試看看物質支配所謂生命、心的力量，你便可知道所謂生命、心是如何脆弱的東西。生命、心之存在，完全賴物質環境之暫時容忍他存在。只要物質環境，一朝不容忍他存在了，在物質無限的權力之下，一切生命、心，都只有低頭屈服，忍受他最慘酷的命運。

愼思：我姑且承認生命、心，可以屈服於物質權力之下。但是這不能證明只有物質是眞實的。因為你說生命、心屈服於物質的權力之下，你已承認生命、心之存在。莫有屈服者，誰來屈服？莫有屈服者，誰來感到壓迫者之權力？屈服者若不曾努力反抗而終於失敗，如何會覺到壓迫者權力之大？屈服者莫有最大的感受力，如何會覺到他的命運之慘酷？所以從你的話，同時證明生命、心本身之有他獨立的力量。他的力量縱然不及物質之力量，然而他的力量是與物質力量相對的。那你便不能說宇宙間唯有物質力量是眞實的。而且在生命、心之屈服於物質之事實以外，同樣有物質之屈服於生命、心之事實。你到自然界一看，青的綠的是誰染的顏色？你可曾想想每一塊青色綠色，都是生命利用轉化物質，以表現他自己的工作之象徵？你可曾聽見每一塊青色綠色，都在歡呼生命之勝利？你可曾想到爲什麼一微生物，如能自由繁衍到數年之後，體積便比太陽還大？你可曾想到，這證明的是生命潛力之無窮？至於心靈之力之大，更是人所共認。一切科學的發明改造自然之力，是如何之大。旱災洪水，科學家已能控制。地震，科學家可以預測而先逃避，而且科學家已在發大願，要控制地震。這不是表示智慧之力心靈之力，亦可過於物質之力，物質與生命、心互有相屈服的時候嗎？愈在過去時代，生命心之力屈服於物質時愈多；而愈到將來的時代，我們敢斷定，心力與生命力之結合，以制御物質之處愈多。你如何只說物質之力決定生命、心，而不說生命、心之力決定物質？你如何只承認物質之本體，而不承認生命、心之本體？

常識：你的話不錯，你儘可以從人類之智慧，盡量誇張心的力量。但是我們要追問心的力量自何處來？無論怎樣偉大的科學家，只要三天缺乏食物，便一切智慧都塞住了來源。無論怎樣徹底的唯心論者，只要突然我們輕輕拍他的頭一下，他最嚴肅最專誠的哲學思辨，馬上會停止。假如莫有物質的營養與物質環境的容許，使你暫時寧靜，一切智慧思辨從何處開始呢？如果物質世界，最初不容許人類之存在，人類一切征服自然之科學，自何處來？

愼思：你的話至多仍只是說明心之活動，待物質外緣之容許，而不曾說明心之活動之力量，本身發自物質，心力只是物質之力。

常識：心的活動，離不開腦髓身體之活動。有腦髓身體之活動，而後有心之一切活動。腦髓是物質，所以一切心之活動都發自物質。心力只是物質之力。

愼思：心之活動，離不開腦髓身體活動，也許是由於心之活動與腦髓身體之活動相依，如秤之兩頭低昂之相依，而未必是心之活動自腦髓身體活動發出。

常識：我們知道對於身體腦髓，與何刺激，則心將如何活動，所以心之活動出於腦髓身體之活動。

愼思：但是我們明覺得我們意志要如何，我們身體常會隨意志而動作，我們可以相信身體腦髓必有某一種變化隨意志而有。

常識：你覺得你意志能支配身體，只是你覺得你意志有力量。但是一個眞了解你的身體結構的人，會告訴你之所以有此意志，只因爲你腦髓受了在先前的身外或身內之物質的刺激而在如此活動。你意志的力量，只是你腦髓身體的力量。你意志本身毫無力量，你自覺你意志能自發出命令，只是因為你不了解使你發生意志之物質的原因。你覺得你意志有自由的力量，只是你自己虛妄的幻覺。

愼思：假如意志本身毫無力量，我們自覺他有力量，只是幻覺；那麼這種幻覺，自何處來？我們如何會對本身毫無力量的東西，覺到力量呢？你不能說這是純粹的幻覺。假如你說這是純粹的幻覺，那麼我們有這幻覺，總是眞的。我們自己的心能發幻覺，那我們的心，至少有發幻覺的力量。你仍不能說，我的心毫無力量。

常識：我以為眞正講起來，根本無意志一東西。你覺到你有意志時，你只覺到一種生理上之緊張狀態。此緊張狀態中有一力量。這力量實際上就是一身體的物質力量，不過你把他單獨提出來，你遂名之曰意志。意志本無此物，只因你不了解一生理之緊張狀態中之力之原因，所以你把他單獨提出來而孤立化，於是你以為有獨立的意志之力了。

愼思：假如心眞毫無力量，那麼我們如何能單獨提出一力量而孤立之？而且我們了不了解其原因，在此有什麼關係？假如因為我們之心之不了解，便能使我們發生幻覺；心之了解，便能節制我們的幻覺。豈不是我們「心之了解」有一種節制幻覺之力量了嗎？所以你無論如何不能否認心之活動是有力的。

常識：你心之了解之能力，亦自腦髓之物質發出，他本身亦是物質能力之一種。

愼思：一切物質的能力，都用五官感觸而後知其有，你能用五官去感觸「了解」嗎？假如「了解」眞是腦髓之物質的能力，物理學家應當能把正在有所了解之人的腦髓，拿來實驗，而發現一「了解」之物質的能力，但是能不能？

常識：「了解」自然不能拿來如此實驗，「了解」本身不能用五官感觸。但是我們試分析一切「了解」自何而來，一切「了解」都開始於我們對外物有所認識，這卽是五官之感覺。「了解」本身，不能用五官感覺，然而一切「了解」，都由五官感覺外物而有。五官是物質，外物是物質，我們可以說五官之物質與外物之物質結合，而有感覺、有了解。所以了解是物質性的。我們可不說「了解」是腦髓某一物質之能力，但我們可說是腦髓物質之能力與外物能力，互相結合而有的一種物質的能力。所以只在腦髓中發現不出，在外物中亦發現不出，於是我們誤以爲他是精神性的。其實他仍由物質的能力之結合而生之物質能力。

愼思：假如「了解」眞是物質能力結合而生之物質能力；那麼我們知道一物質能力與他物質能力結合而生之能力，在二物質中雖發現不着，在二物質間當可發現。如月球與地球之吸引力，我們可以自海潮中發現。然而誰能在感官與外物間，發現一「了解」之物質能力？假如「了解」是一物質能力，他有多少能力單位的能量？那個物理學家能加以計算？我們不是故意要問此滑稽的問題，我要你徹底否認「了解」本身之物質性。

常識：縱然我們不能說了解、情感意志等心理力，是由外物與腦髓結合而生的物質能力，我們承認他們是心理力；我們仍可說他們是附於腦髓身體上之心理力。心理力和腦髓身體之不同，如燭光與燭之不同，然而燭光附於燭、心理力附於身體腦髓之物質，故仍當說物質是本體。心理力表現之心理現象，只是腦髓物質之附現象。生命力表現之生命現象亦復如是。所以我們仍可主張唯有物質是本體，除物質外無其他之本體。心與生命之力只是附於物質本體之特殊能力而已。

愼思：假如你已承認有異於一般物質能力之「心與生命之特殊能力」，那你便當更進一步，取消你所用的「心與生命之特殊能力，附於物質」之「附於」一字。因為心與生命之能力，既然在腦髓之物質所發出之物質能力中找不着，我請問你從何處看出他們附於物質？他們如何附法？他們的「附」是物質性的，或非物質性的？假如他們的「附」是物質性的「附」，你們應當能用物理方法測驗得出。如果是非物質性的「附」，那麼非物質性的「附」於物質，如何可能？所以你只能說心與生命力之發出，與腦髓之物質力之發出，有平行相依或交互相感的關係，而不能說心、生命力「附」於腦髓身體。你只能說心理現象生命現象與腦髓身體中物質現象平行相依或交互相感，而不能說只有腦髓身體之物質現象是眞實的，亦不能說只有物質現象才有其相應之本體。

常識：我們雖可承認心理現象生命現象，與人類生物身體中之物質現象，平行相依或交互相感；但這是就已有心理現象生命現象以後說。然而我們須知，宇宙歷史之一時期只有物質現象，只以物質結合組織複雜至某程度或某形式，乃突現出生命之性質，進而突現出心之性質。他們已現出後，乃有物質現象與生命現象心理現象平行相依，或交互而影響相感。此時或許生命、心之支配決定物質之力量，可較物質支配決定生命、心之力量尤大。但是我們尋求生命、心之源，仍由物質之結合組織成某形式而突現。所以物質乃宇宙之最底層，乃上層之生命、心之基礎，上層之生命、心所自突現出。所以物質乃生命、心之根本。自此意義，我們仍可說只有物質是本體。

愼思：假如生命、心之性質與物質之性質，根本不同，如何生命、心，能自物質結合組織而突現出？

常識：我們承認宇宙之進化歷程中，有新東西之創出，如生命、心。但是新的東西之創出，乃由物質結合組織成某形式而來。

愼思：但是物質結合組織所成之某形式，即是人類生物之身體。自身體之物質本身上，不能用物理方法去找着生命，心之「了解」、情感、意志等，你已經承認；那麼所謂由物質組織而突現生命、心，何不可說是生命、心自己呈現於物質之組織結合之上？那麼你所謂物質層是生命、心之層之基礎，當猶如房子之屋基是房子之基礎。

常識：這比喻我承認，所以在屋基中發現不着房子，房子中亦莫有屋基。但必有屋基而後有房子，房子是自屋基上疊積起來的。屋基動搖，房子便要倒，所以屋基是根本。

愼思：但是房子不是自屋基中湧出來的。房子木石是自他處取來，一一放下而疊積成功的，不是自然的自下而上疊積成的。我們的眞問題，在我們剛才所說，你「如何可斷定，你所謂自物質之結合組織上突現出生命、心云云，不是生命、心自己呈現於物質之結合組織上而表現他們自己？」假如你只是從屋基看上來，而不曾看見匠人之一一將木石放下，你豈不會以爲屋基自己會湧出房子？你所謂自物質突現出生命、心，也許就犯這樣的錯誤。你可以自下而上說屋基是根本，我們又何不可自上而下，說房子是根本。你可以自屋基動搖，房子會倒，說屋基是根本。我們亦可自房子之重量，可以將屋基壓緊，屋基是爲修房子而存在的，說房子是根本。你可以自下而上，說物質是生命、心之根原。我亦可自上而下，說生命、心另有根原。

常識：你的話始終是比喩。也許生命、心另有其根原，我們可以由下看到上，也可由上看到下，他們是平等的存在；或許物質是統於生命、心；生命、心才是宇宙之最後的本體。但是你要知道，我們只能由下看到上，便總覺先有物質，如房子是自屋基中湧出一般。你有什麼方法，能使我自上而下看，由生命、心看到物質？除非你能使我親切的覺到生命、心之存在，如我們之所覺於物質之存在一般。我是不能由上至下看的。

愼思：我現問你，你試反省你爲什麼不能同樣親切的覺到生命、心之存在。你先想想，我們再討論。

第二章　物質與生命（下）

第一節　辨物質之意義

常識：我對於上次所問何以不能親切的覺到生命、心存在之問題之答覆是：因爲生命、心是惚恍迷離的東西，而物質是最實在的、堅固的。

愼思：你不是覺得你的苦痛、快樂等感情、思想，是最實在的東西嗎？

常識：但是那只是生命、心之性質狀態。生命、心的本體，我不了解。

愼思：你對物質，亦只能認識他各種性質狀態，如色、聲、香味、形狀、位置、動態等性質狀態。

常識：但是我們由物質性質狀態之認識，馬上若覺有客觀的堅固實在的東西。所以我們可以馬上相信有物質之本體。然而我們從苦痛、快樂、思想，則不能馬上覺到生命、心之本體。

愼思：但你說你覺到物質現象，若有客觀堅固實在的本體，你實際上並沒有眞覺到。你覺到的，只有物質之性質、狀態等現象，你怎敢在理性上斷定物質的本體的存在？

常識：因爲我們對物質之性質狀態之了解最多，最清楚。我們對於物質性質、狀態，有比較明晰的觀念。性質、狀態雖是「用」，但由我們對於其「用」有比較明晰之觀念，所以我們容易由其「

用」以建立其本體，卽外物之本身。

愼思：物質本體，外物本身之觀念，旣由對於物質之性質狀態之用，有比較明晰之了解而建立；則若我們對生命、心之性質狀態，有比較明晰之觀念，那麼我們對於生命、心之本體之觀念，亦可以建立起來了。

常識：但是我們現在對於生命、心之性質狀態，比較明晰的觀念，尙莫有。我們必須對生命、心之性質，有與我們對物質性質之同樣明晰之觀念，我們才能平等的建立生命、心與物質之本體之信念。

愼思：那麼我請問你對於物質狀態，有何種明晰之觀念？

常識：物質是我們可以直接感覺到的，物質具備可感覺之性質。我們感覺外物之色、聲、香味等。

愼思：你感覺到所謂外物之色聲香味，不能說卽是你所謂外物本身之性質。因爲色聲香味之感覺，乃由你感官同所謂外物本身接觸而後有。你不能斷定你不接觸他時，外物本身，亦有如是之色聲香味。由幾種條件合而有的東西，不能未經批判，而說是存在於一種條件之中。如氫氧二者在二千度高溫下合成水，不能說水在氫中或氧中。不過關於此問題，我們暫不多討論。

常識：那麼，能動或靜而有數量之形狀體積……是外物本身的性質。

愼思：但是形狀體積必須表現於色聲等之中，形狀體積之認識，仍然由你的能感覺的感官與外物接觸而生。你仍不能一定說他屬於外物本身。

常識：但是我們必須與外物本身接觸，然後有聲色香味及形狀體積等感覺。所以外物本身，至少有引起我們各種感覺之能力。外物本身，就是引起我們感覺的東西。外物本身的性質，就是引起我們的感覺。

愼思：假如外物本身的性質，只是引起感覺，那麼我們對於外物本身一無所知。我們所知者，只是他與其他條件合而生之其他結果了。

常識：但是他總是一必須的條件。

愼思：我們對於一事物，我們說他由何條件結合而成，我們必須先知道各條件之存在。如果我們對於一條件之存在從來不曾認識過，則也許本無那條件，亦不可知。如果你對於外物本身，一無所知，我們如何能說他存在。

常識：假如感覺生時無外物來刺激，何以我們不能憑空生感覺？假如感覺是憑空而生的，何以在有些地方生？一些地方不生？可見一定有所以生或不生之故。所以我們必須承認我們生感覺之因，卽我們必須成立一客觀的存在卽外物本身或物之本體。

愼思：縱使我們必須成立一因，來說明我們何以生或不生得感覺，故成立一客觀存在。但這樣的存在，其唯一的性質就是說明這一感覺的有無。我們何以知道這存在的性質，是物質的？客觀存在的意義，不含等於物質的意義。

常識：因爲這種存在是引生感覺到的，所以我們說他是物質性的。

愼思：你的話犯了循環論證的錯誤。因爲你在說引生感覺的是什麼時，你說是物質；而你在說物質是什麼時，又說是物質是引生感覺的。你的話等於說：引生感覺的是引生感覺的，物質是物質，你莫有說明物質是什麼。

常識：我可以界定物質的意義，就是引生感覺，如我們界定三角形，就是三直線圍繞的圖形。

愼思：三角形是三直線圍繞之圖形，除了三直線之圍繞外莫有三角形，三角形之內容只是三直線圍繞；那麼除了引生感覺亦當莫有物質，物資之內容亦只是引生感覺而已。那何不可說莫有獨立存在之物質，因爲物質除引生感覺外，無任何性質，其意義中離不開感覺，而感覺非物質。

常識：我們可說物質的唯一性質是動，由動而引生出我們之各種可感覺之現象之變動者。由變動而見物之有力，使不動者動。

愼思：我現在願意退一步承認你的說話，不把此問題再向深處引。我願意承認你此種意義之物質存在。我只望你注意，變動亦是一普泛的名詞，我們可指一切生命、心之變動。

常識：那我們可界定，物質爲引起我們具形狀體積等之感覺現象之變動者，或表現爲空間中形體之變動者。表現爲空間中之形體之變動，就是物質之唯一性質。故物質皆可說爲一物體之物質。

慎思：我們心中所想像之物之意象之變動，亦是表現爲一想像之空間中之變動，想像之物亦可有形體。

常識：但那不是實際的空間。

慎思：實際空間與想像空間有何不同？

常識：想像空間可不相延續，實際空間是相延續的。各想像空間中之形體之意象本身之變動，不相延續，而實際空間中之各形體之變動，乃相延續的。

慎思：那麼你不應當只說表現爲空間中之形體之變動，是物質之唯一性質。你當說表現於所謂實際空間，引生出之形體之變動，能相延續者，爲物質之唯一性質。引生此延續之變動，爲物質之唯一性質，由此延續之變動，見不動者之動，卽顯物質之力。

常識：我亦有這個意思，但未能淸晰的表達。

慎思：你可曾想想什麼是我們所謂延續之變動？

常識：我想延續之變動就是每一變動都過渡到另一變動，每一變動都有其因都有其果，因果相延續，莫有截斷的地方。所以物質界中一切形體之變動或物質之變動，無無果之因，無無因之果。因果間儘管相距之時空極久遠，然而總是有因果關係之存在，所以物質不滅，能力不滅。

慎思：物質界一切形體之變動之因果關係中，表現何種規律？

常識：這我不知道。我願請教。

愼思：我想你們通常所謂物質的物體，如不涉及熱力學第二律之物理學專門問題，其在所謂實際空間中，所表現之延續變動間之因果關係，含二種規律：是可逆轉還原之規律，這是說若某果眞是由某一些因而生，那麼我們在原則上，必同時相信，可將某果重析為某一些因，再構成某果，中間可皆無物質能力之質量能量之增減。如由氫氧而成水，我們必相信可將水再析為氫氧而再合為水，而無物質能力之量之增減。此卽一物如何構成，我們可以依其構成之歷程而逆轉之，重化為原先之物，再依此歷程以構成某物，而無物質能力之量之增減。二是互相外在對待之規律，卽一物體，若是受其他之物體之影響，其他之物體在未影響之之先，與該物體是互相對待，互相外在，可各各平等的表現其在空間中之變動者。所以一物體之於他物體對之之外在之影響，不能有選擇自由。假如不含這二種規律的動，我們便不能說他只是物質的物體之變動，因為由此二規律，我們已將物質的物體之變動的性質界定了。此二規律亦卽我們通常所謂物質的物體之性質。

常識：我們當然不能把物質或物質的物體之名詞隨便亂用，不然便失去了他的意義。

第二節　辨生命與物質之不同

愼思：我們從此便可看出有生命之生物之動與物質的物體之動之不同，因他可不含我們上述之物質的物體之動之二種性質。

常識：有生命之生物之動，如何可不含此二種性質？

愼思：有生命的生物之動全不能還原逆轉。我們可以由「生物之身體，化分成所由構成之物質能力，便不能再合成身體，而無所增減」上看出來。

常識：但這只是因我們對於構成生物身體之全部物質，如何組織配合，我們不能全知道。如果全知道，我們亦可以由物質製造生命。我們現在不能，在科學再發達時，就可能。猶如科學家今已能造蛋白質、原生質。在理論上，我們看不出一定不可能之理由。

愼思：科學家將一定之物質的物體組織配合而造生物，我現在並不說決不可能。但縱然可能，我們仍不能說生命之活動卽物質之活動。因爲我們可說當物質條件都具備時，生命便呈現于其上了。亦可說他已不是物質，而是生物了。關於這層，我們姑且不討論。我覺得你的話誤會了我的意思。我的意思不是說，物質的物體之組織配合不能成生物，我是說你不能把生物化爲無生命之物質，又合成生物，而無能力之增減。

常識：如果科學眞發達至某種程度，使生物成無生物，再成生物，而無能力之增減，有何不可能？

愼思：假如你眞要把一生物化分爲一些其所由組成之物質的物體時，你將覺這生物會表現反抗。這同你之將水化爲氫氧，只要條件具備，他毫無反抗，截然不同。生物要維持他自己之是生物，而水並不表現爲一定要維持他自己是水。

常識：水爲你所擊時，他亦可有反動力。

愼思：但是水的反動力之發出，不能說是要維持他自己。物體之反動力純是向外的，而非照顧自己的。而生物之反抗力之發出，卻是儘量的維持他自己。此是一方向外，一方照顧自己的 Self regarding。

常識：生物之反抗力，仍然不外其身體中物質之力。此物質最初是取之于體外的。他並未增加其他之力。

愼思：但是他運用他身體中物質之力所依照着的「方式」（或形式）是物質在體外時莫有的，是新增的。這方式，卽如何反抗以維持他身體存在之方式。我們說生命之力，可以就是指此增加之方式之力。此方式之增加，使身體中物質之運動，改變他在體外之運動方式。所以此方式之增加，本身表現一種力。因此，當你把生物身體完全拆散，而不能表現反抗時，則生物之力有所減少。生物在對於你之拆散他之行爲，表示反抗，就是對於你所用以拆散他之「其他工具之物質之力」，表示拒絕。同時生物對於其他有利於他身體之保存之物質與其力，便會表示歡迎。純粹物質的物體便不會如此。純粹物質的物體間，可以有相拒相吸力，如電子與電子間。但是其相拒是平等的相拒，不是一電子特感一電子要傷害他。相吸，不是一電子，特要化其他電子爲其自身之一部。

而生物身體之拒絕一物體，則是因此物體將傷害他；歡迎一物體，則因此物體有利於他身體之保存。他是以利害爲標準，而分別的對其他物質的物體，加以選擇。

常識：我們何嘗不可認爲物體都在想保存他自己，不然物體何以有反抗力，有惰性，有不易入性？怎麼知道電子之相拒，不是彼此都要擴充其勢力範圍，加大其存在的意義，彼此都覺要免去互相有妨害的地方？物體之相吸，或許就是彼此都覺對方於己有利益，要賴對方來充實他自己，加深其存在的意義。他們之相拒相吸，即在互相選擇。

愼思：從你的意思說，亦可謂一切物體都在保存他自己。但是物體之保存他自己，與生物保存他自己不同。在你所謂之物體之保存他自己中，物體是在其白身中保存他自己，他主要的是憑藉他自己的力量來保存他自己。他也可感受外力而增強其力，以求更能保存其自己，但他不會要求去取一種外在之物體之力，來生一種力，以保存自己；或去取一種外在的物體之力，來生一種力，以抵抗妨害他的其他物體之力。然而生物能夠吸取養料食物，化爲其身體之物質能力，或造一巢，打一洞來保存他自己。生物可以賴其對環境之改造，藉環境之力，來達到他保存他自己的目的。生物的活動，不只在生物身體之自身，而在其身體與環境之關係間。生物的支配力，表現於其如何調整身體與環境之關係，以達其自身之保存。他是靠他主宰改造環境的能力，控制身體外之物的力量，來保存他自己；而不是只靠他身體之物質之惰性、純物質性的反動力、不易入性，來保存他自己。生命力表現或流行于身體與環境之物質間。生命力貫通於身體與環境間。生命力乃是連結組織身體與環境之物質者。在生命力發揮其作用時，身體之物質與環境之物質，都統率於生命力之下，身體之物質與環境之物質，都內在於生命力之支配中。所以他們彼此之間，亦不只是外在地對待的了。

常識：但是照我們前面所說，生物之連結組織那身體與環境之物質，並非眞另外有一種獨立之力量。他仍不過取資於原有之身體之物質之力量。他只是在一特殊形式下運用他身體中物質之力量以支配外物，而轉化外物之力量爲其身體以後活動之力量；而顯爲一「與自然原有之物質力量不同形式」之物質力量而已。我們便不當說有生命的生物或生命有什麼新力量。

愼思：我要重說把自然中一形式之物質力量，變化爲另一形式之物質力量，即可表示一新力量。

常識：但是這新力量，只是改變一種形式，對於實質毫無增加。他不過是將就舊有材料加以配合，而去配合之力本身，亦是舊的力量。那麼我們可以說，生命力實不是力，只不過套於物質力之上之一虛空的形式，或能使一物質力量之形式，代替另一物質力量之形式而已。

愼思：不過照我看起來，所謂力量之表現，即不外乎使一物自一形式轉變爲另一形式。自內部看來，視爲一力量者，在外部看來即只是一形式變爲另一形式。所以嚴格說起來，你對外界物質的物體之變動，你所了解只是其物質形式的轉變，你並未見其力之轉變。所謂力者，當你自外部看時，只是你用以「加在物質之形式與形式之改變間」之名詞。譬如你說物體的落下，是地球的吸引力。實際上你所見的，只是一「在空中與地有若干距離之一物」之形式，逐漸改變爲「物在地上」之形式。你並未曾見其中之吸引力。因此只要物體之運動的形式有轉變，我們便可說他受了一種力量。所以當你所謂純粹的物質之動的形式，在生物身體中轉變了，卽表示有一新力量。我們不能說此新力量只是形式，舊力量才是材料。因爲自形式說，一切力量之表現，都只是一種形式的轉變。自力量說，則一切形式的轉變都代表一種力量。你對於物質能自其內部看，而對於生命，則何以只自其外部看？你忘了我們對於物質最初正是自外部看，而只見其形式之轉變：而對於生命，我們最初才正是自內部看，而親切覺到生命力量之存在的。現在你對物質反要從內部看，對於生命反要從外部看，這是最顚倒不過的了。

常識：假如形式的轉變，卽代表一種力量，形式增加卽是力量增加；那麼，自然界有生物後，能力當有所增加，卽就違悖物理學上能力不增不減之定律。

愼思：所謂能力不增不減之定律，縱假定能成立，亦只是說一處之每定量的能力消失後，他處必有定量能力之出現。某一處之一定量能力之出現，他處必有定量能力之消失。亦卽是說，每一種運動之形式轉變爲他種運動之形式，其能量是相等的。我們可比一定量之能量爲一直線。我們可以假設此直線是一圓面之直徑。那麼所謂其形式之轉變爲任何形式其能量都相等，可以比喩爲：如在圓面中，只要通過中心點，則此直線無論如何轉變其方向都相等。何方向有一直線形式消滅，他方向卽有一與之相等的直線產生。於是我們可以推想，這圓面積中之直線長度，是不增不減。但是在此，我們可以想像，這圓面本身在逐漸向上運動成圓柱形或圓球形，而在我們量度此直線之長時，我們仍是照常的覺到各直線之相等。這就可比喻，自然界之形式儘管可有增加，然而我們只自物質之形式去看時；他們仍然若無增加。因每一種物質形式轉變爲任何物質形式時，其能量總是相等，於是我們遂總測驗得能力未嘗增減。然而在實際上，可以有高於物質之新形式增加，如套於物質原來之形式上，好比圓柱圓球之於圓。新形式之增加，亦卽新能力之增加。

常識：究竟生命所增加之新形式與物質之形式是什麼一種關係？

愼思：我們卽可說是好比圓面與圓柱或圓球之關係。

常識：我不懂你所說的意思。

愼思：我之意是，假如我們姑以空間爲物質的物體運動形式表現之所，物體運動之形式在三度空間中；那麼有生命之生物之運動便可說在四度空間。假如物體之運動在四度空間，生物之運動便可謂在五度空間。

常識：我們現在尙不易設想，現在所謂加上時間視爲空間一度之四度空間。我們姑且說物體在三度空間中運動，如何你可說生物之運動在四度空間中之運動？

愼思：我們說由一度空間到二度的空間的意義，就是說有了面，則原來線之一部份，可以由運動而似乎豎立出來成面，爲原來之線之各部份之交會貫通者。由二度空間到三度空間，即是說有了體，則原來之面之一部，可以由運動而似乎豎立出來成體，爲原來面各部之交會貫通者。所以由三度空間到四度空間，即原來之體之一塊，可以由運動而似乎豎立出來，爲原來體之各部之交會貫通者。

常識：如何可說生物是原來三度空間中體之一塊，由運動而似乎豎立出來，成原來之體之貫通的東西？

愼思：所謂三度空間中之物質世界，我們可假設爲一體。生物之身體如是物質，即原來體之一塊。然生物之身體之活動是活動於環境之物質中，對環境之物質或取或捨，而目的則在其身體之物質的組織之保存。其身體之保存之目的，即是要求身體之物豎立於物質世界中。其身體之物與環境之物之交互反應，即是身體之物與環境之物之交會貫通。這一種保存，是要求生命繼續在時間中存在；這一種貫通，是要求生命繼續在時間中發展。發展是爲的存在，要存在亦必須發展。時間本來是變化的，而生命之發展本來是隨時間而變化。然而其隨時間而變化而發展，正所以保存他自己之繼續的存在，而戰勝時間之變化性。無生物則不能隨時間之變化，而由發展以保存其自己之繼續存在，以戰勝時間之變化性。所以我們說生物才眞在四度空間中活動。

常識：但是生命不能眞戰勝時間之變化性，因爲生物仍要死。

愼思：我們說的是生命之保存自己活動的性質，是戰勝時間之變化性。生物死，是生物生命的活動根本不存在。只要生命的活動存在，他必表示自己保存之目的性的活動，而在戰勝時間之變化。

常識：但是生物不能繼續他的戰勝。生物能有保存他自己的活動，在其保存他自己活動中，表示戰勝時間之變化性；但是他不能保存他的「保存他自己之活動」，保存他自己之「戰勝時間之變化性」，因爲他的生命活動本身可不存在。

愼思：你所謂生命活動本身之不存在，只是自物質空間中看他不存在，只是說生命活動在三度空間中可看不見。亦許在生命活動自身之空間，他仍然存在。

常識：據我們的經驗，生物之生命活動雖然可謂自物質空間豎立出來，可謂向更高一度之空間活動，但是這更高度之空間，是隸屬於物質空間的。物質的空間猶如海面，更高度之生命活動之空間，猶如海面之上的空間。生命向更高度空間活動，如海波向上湧。我可說海波之向上湧，只是前後海水構成某一狀態之故。這譬如物質結合而構成某狀態，則生物的生命出現。你從海面說到海上，自然亦可說因有海上之空間，水自己有向上湧之性而後海波上湧，所以可說生命自身有貫通物質空間，向更高度空間活動之性。但是依我看，海波隸屬於海面，海波由海面湧起，復沉入海面。這比喻生物的生命自物質世界生，復死於物質世界。生物的生命之生死，如海波之起伏於海面，所以我們相信：生命活動所向之更高度之空間，與物質空間，是有同樣的作用而同樣眞實的。

愼思：你比喻生命的歷史如海波。因爲海波只起伏於海面，所以只海面空間是眞實，固未嘗無理由。但是假如海上的海波，有繼續向上湧以至無窮之傾向，成一在海面倒豎之流時，你尙能只承認海面之眞實嗎？我們知道海波可以受日月之吸引力而成很高的海潮。假如忽然日月之運轉到距地很近，海波不是會一股一股的向上流，你還能只從海面看嗎？假如日月上有海，或其本身是一海之體積，那麼我們將因見地球上海面之水向日月之海水流去，便可說此種地面之海面海波之湧，不是由於海水之構成某狀態，而由於日月上之海水在吸引他了。雖然我們只在地面之海水中研究，我們可以用海水之構成某狀態，來說明海波之上湧——因爲每一海波之湧出，都有其「海水構成之某狀態」與之相應。然而我們自日月地間海水之全體看，我們卻決不能如此說了。

常識：但是你的比喻，只是一好聽的比喻。你用什麼事實證明，你所謂生命之流，可以與你剛才向上流之海波相比呢？

愼思：因爲照我們看來，所謂力量之表現，在外部看卽是一形式之顯出。所以每一形式，都表現一種力量。因此我們可以說一種形式，要變成爲另一種形式，卽一種力量在吸引一種力量轉化一種力量。我們知道生物身體之發展，由結胎，到發育完成，是要成爲某一種形式。當生物在發育歷程中，其將完成之形式，在物質空間中尚未存在。然而這在物質空間中未存在的形式，已經表現一種力量。因爲此形式，已爲身體之物質變化之趨向。卽已在吸引轉化身體中之物質以適合於他。所以我們必需承認一超物質的空間中，此形式之力量已經存在。不然此種現象何以可能？

常識：但是我們知道生物身體發育之形成，亦可因物質環境之改變而改變。生物身體之發育成之形式，並非固定。我們知道生物身體之發育成某一形式，不是一直發育成功，而是一串形式之繼續變化，到某一形式。所以嚴格說起來，發育之歷程，只是一串形式之繼續。我們並不能將某一形式特別提出，而視爲以前一切形式轉變之目的。當我們特別把一形式提出時，我們覺以前形式與之截然不同，所以我們便自然認爲前者之化爲後者，由後者有一特殊力量，而採取目的的說明。但是我們若自始卽視此一串形式，爲一繼續不斷之歷程，則于每後一形式之出現，我們都可將以前發育成功之形式與環境之物之形式之互相融合爲原因，以新形式之產生爲結果，而作一因果的說明。所以我們可以不必承認生物發育成功之形式，在未存在於物質空間時，已有力量。我們主張其每一發育出形式，皆只是已存在的物質力量之形式，慢慢轉變而來。因爲這樣子，我們更能說明生物發育成之形式，何以會因物質環境之影響而改變之理。

愼思：我可承認生物之發育是一串形式之繼續變化；我亦承認生物發育成之形式，可因物質環境之改變而改變。但是我們可以說，生物有許多串，以至無限可能發育之形式，其中有一串發育的形式，對於某生物是最主要的，其次要、再次要者……合成一階層。生物實際上之發育成某一串形式，乃其各串可能的形式之全部，與物質環境之物之形式互相衝盪淘汰之最後的結果。所以我們只從物質環境之可改變生物發育之形式，不足證明生物之發育無其本身趨向之形式。至因果的說明與目的的說明，我們認爲此分別本不甚當，我們只能方便的加以分別。若本於方便的分別來說，我們認爲此二種說明，初不相妨。因爲所謂因果的說明者，不外說，在物質的環境中之前後之動變間，有一種必然或相應之關係。但是對於動變之全程，所向往之方向與行歷，並無說明。譬如我們說一股河水順河道流。因果的說明，只是說明河水之每一切面與前一切面間有一必然或相應之關係，於是我們可以自河水上來說，每後一河水之切面，都以以前河水之切面爲因。但是河水之所以向下流，實由於河道中有向下低陷之空間。河水之成某一串形式，由於河道之某一串形式。「一河道之原是某一串形式」，卽比喻生物之發育須依「某一串主要形式」而發展。河道之可因其他地理上的變化而可能產生之改變，卽比喻「生物原要發育而表現之主要的一串形式」，可受「已成的物質世界中的物質環境」的力量之改變，乃改遵「另一串可能之形式」而發展。河道中之「一串向下低陷之形式」所表現之引水下注之力，卽比喻「生物所遵以發育之一串形式」，所引起之「身體中物質之變化」去適合它、實現它之力。假如我們要說「河道向下低陷之一串形式」所以有「吸引水下注之力」，由於有地心吸力。我們便可以比喻生物之「可能發育成之一串形式」，所以能組織身體中之物質，由於有一超物質之生命力。

常識：你的話是說因果的說明和目的的說明可並存，那麼凡是用目的的說明的地方，都可用因果的說明。但是我們的說明當求簡單，我們已有因果的說明，何必要目的的說明？因爲目的的說明，不過因果的說明外之一套子。

愼思：我們亦可以說立體不過是無窮的平面之一套子，但是我們不能說只有無窮的平面而無立體。因爲平面只是部份的形式，立體才是全體的形式。對於生物之發育之因果的說明，好比只是說明每一平面與他一平面之相對應的關係，只是說明部份形式與部份形式之關係；而不能說明生物全部發育之歷程所遵之形式。這必須自平面在立體中之運動，或平面自身之由運動而表現爲立體處，來說明，而採目的的說明。在科學上，我們只研究部份，我們只可取因果的說明，在哲學上，我們必須自全體看，兼採此所謂目的的說明。

第三節　辨生命力之無限、及物質與生命之相通

常識：我現在可以承認生物在他生存的時候，其發育之歷程是在求適合、求實現，他之「尚未存在於物質世界中之一串生命之形式」。我們可以說生命之形式自身，有一種超物質之能力，能組織物質，以顯出他自己，實現他自己。但是我請你重新注意死的現象。生物發育至某一形式即不再發

育，逐漸向死之路上走，逐漸毀壞其「能表現生命、支配物質之形式」，最後淪爲純物質之形式之存在，如死屍。假如生命的形式眞有獨立的力量，可與物質之力量相對抗，生命力量眞代表豎立於物質世界之一力量，代表自另一量向來之力量；那麼生命亦當與物質力量同樣無窮。今既不然，那我們還是只好比生物如海波，物質世界如海面。雖然海波之湧出可以表示海上之空間之實在，然而這空間不是無窮的高而只有海波那樣的高。我們不能將海波那樣高度的空間，拿來與海面如此之長濶之空間並論。因爲海波高度之短，我們仍然忍不住要想，海波不過是海面拱起來之一曲面，我們還可以由海水之擠聚狀態，來說明此海波之形式。我們可以找出此曲面未形成以前，海水分子之變化與此海波之形式中之各種對應（Correspondences）來。除非你眞能指海波可無窮高的上湧，或指出一與地球接近的日月之海在上，吸引地球海水向上流，我們不能克服此種心理的困難。

愼思：那麼我請你先注意生物之生殖現象。生物之無窮的生殖力量，卽表示生命力量與物質力量同樣無窮。生物之繼續不斷的遺留下他的子孫，卽表示生命有永遠豎立其自身於物質世界之力量，顯出生命力所代表之量向，亦是無窮長的量向。

常識：但是當生物之子孫未出生時，他之生命力只存在於他的身體之物質中。我們看見他的身體之物質與環境中之物質，聯結成無窮廣大之物質世界。然而我們在他的身體中卻看不見無窮廣大之生命力之反映。因爲他的身體之物質是有限的，所以其所表現的生命力，亦是有限的。

愼思：但是我請問你，生物的子孫自何處生？

常識：當然自生殖細胞生。（此文中生殖細胞兼指受精卵之能發育爲生物者。）

愼思：生物之生殖細胞，卽表現無窮廣大之生命力之存在。無窮廣大之生命力，卽透露於生物之生殖細胞中。自物質世界上說，我們可說無窮廣大之生命力之根，卽倒栽在生物之生殖細胞中。

常識：我不懂你的意思。我知道生殖細胞的生命力是極微弱的，因爲他是極微小的。他必須發育之後，乃有更強之生命力。

愼思：但是他如何能發育？

常識：我願承認這是因爲有一串生命形式要待表現，而使生殖細胞逐漸吸取養料，去實現他們。

愼思：但是你能否說生命發育之一串形式，可以在生殖細胞中找出完全「一與一之對應」（One to One Correspondence）的說明？

常識：我承認不能。因爲假如在一人之生殖細胞之各部，都與成形之人之各部，皆有嚴密的一與一之對應，那生殖細胞便反映人之全體,而如一小人。這在科學上很難相信。假如眞如此,那亦不須發育成人，因爲此生殖細胞已是人了。而且，我們無論用什麼放大鏡，亦不能在人之生殖細胞內看見人的粗枝大葉。所以我承認生殖細胞只是含有發展成生物之可能，此「可能」在現實的生殖細胞中並不存在，但是我們可以由生殖細胞與其環境之交互作用，以說明人之如何長成。所以我們可以說，在只有生殖細胞時，我們把此「生殖細胞之物質之形式」與「將影響他畢生之發育之環境之物質之形式之全部」合起來，仍可找着其與「人長成之身體」之某一意義完全之對應。

愼思：你是找不着的。因人每一段的發育都是他前段的身體與環境之物質之形式互相衝盪淘汰，或通常所謂融合滲透的結果。由此而原來的身體與環境之物質，都各具備一新形式。雖然在新形式中，舊形式可有其對應者；而新形式之新處，則舊式無與相對應者。由生殖細胞發展成人，生殖細胞之物質與原來環境中之物質，經了無數次形式的轉變，產生了無數次新形式；所以你決不能在物質與生殖細胞中，找出成人身體之完全的對應。你不能忽視此中之時間的經過，使新形式逐漸增加。但是此新形式之增加，即我們所謂生命力之表現。我們說此新形式，自生殖細胞與環境之融合滲透而出現，即說生殖細胞中之生命力表現於生殖細胞與環境間，在生殖細胞與環境之上，發揮作用。所以我們不能說，生殖細胞之生命力，只限於生殖細胞之中，而當說其是兼在生殖細胞之外之環境中活動。因此我們不能因生殖細胞之微小，說其所代表的生命力之微小。

常識：我們雖然承認生命力兼在生殖細胞之外之環境中活動，然如何知道生命力本身之無窮？

愼思：你只要承認生殖細胞中之生命力，即將環境與生殖細胞之物質，互相融合滲透之力，你便當承認生命力量是無窮的。

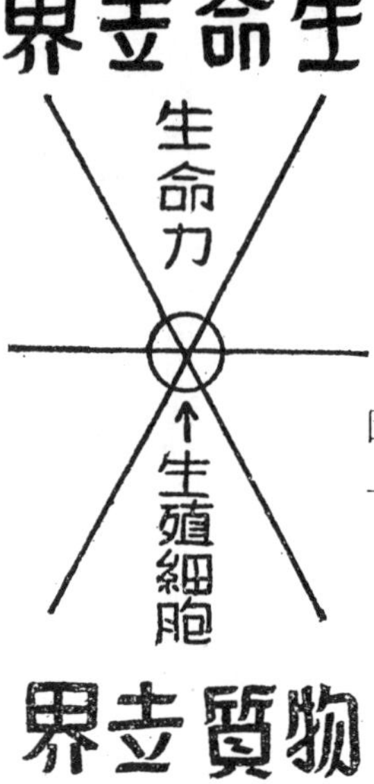

圖一

常識：我不懂你的意思。

愼思：因爲你承認生殖細胞中之生命力，即將環境與生殖細胞之物質相融合滲透之力；那麼生殖細胞，即是生命力表現其自身於物質宇宙之媒介。此媒介之綿續不斷的存在，即表示生命力表現於物質宇宙之綿續不斷。我們知道每一生殖細胞發育成完整的個體後，即又將分裂出生殖細胞。生殖細胞通過生物的身體，而無窮次的綿續他自己分裂他自己，而發展爲無窮的生物個體；即表示生命力之有無窮廣大的表現其自身於物質宇宙之力量。於是我們可想像：一生殖細胞，即一有無窮廣大的生命力在此透露之生殖細胞，即無窮廣大的生命力倒栽於物質世界之根。生殖細胞即無窮廣大的生命力與物質世界互相貫通之所。其形如右圖。

常識：究竟生命與物質是一是二？如果是一，何以生物與無生物不同？生物要表現他自己時，覺物質之阻礙？如果是二，生命與物質如何發生關係，生命如何能表現於物質世界中？

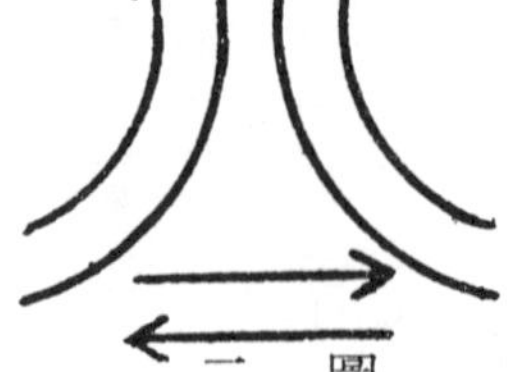

圖二

愼思：在我們討論的現階段，我們須說生命與物質在概念上是二，而在生物中實聯結爲一，故可說爲二而一，一而二。依我們上面所論，生命與物質之不同，是表現二種方向之活動之不同。我們可說生命表現於物質時，卽生命活動形式呈現於物質活動之形式上，而成身體發育之歷程中之形式。故身體發育之形式，卽物質之形式與生命之形式之二而又合一。然而尅就生物說，我們從一方面看其活動是表現物質之形式者，從另一方面看其活動，卽只表現生命自身之形式。二種形式是二而二，我們認爲生命與物質活動方向之關係，可以上頁之第二圖來表示。

我們說向橫的方向左右活動的，卽是我們所謂物質性之活動；向縱的方向向上活動的，卽是生命之活動、表現生命力之存在的。然我們可以說，向橫活動的、向縱活動的，原只是一股生命之流。他一方向東西流，一方向上湧，兼表現縱橫活動之水波之形態，卽比喩生物之身體之發育歷程。我們從橫的方向看，我們便可看出身體發育之一切形式，都不外物質之形式。我們從縱的方面看，則身體發育之形式都是生命本身之形式。合縱與橫來看，我們便可說身體發育之形式，是生命自身之形式呈現在物質之形式上。我們以前之討論，是因爲我們要破除只有橫的之唯物的看法，所以我們將縱的看法提出來相對，好像物質生命之形式先是二，然後再合起來。但如果你已破除唯物的看法，那麼我亦可不先分開橫的看法與縱的看法，再把他們合起來。我們亦可說，生物身體之發育歷程，卽一方面表現生命之形式，一方面表現物質之形式，二種形式在生物身體之發育歷程中，自始是統一的。在此統一中卽包含縱橫一種活動之形式。所以生物一方感着物質活動之橫的脅迫之力，一方感着其他未實現的生命之形式要求實現之縱的引升之力。這就是生命在他表現於物質世界之緊張之感覺、與物質若爲一阻礙之感，所自生。

常識：在生物身體發育歷程中，如自生命與物質爲二概念來說，究竟是生命力向下貫注於物質，而吸引物質向上；或是物質在向上發展，以導引生命力向下？是因生命與物質之間有通路，所以互相流通、交會統一；或者是因生命與物質互相流通、交會統一，於是才開闢了流通之路？

愼思：照我們以前所講，我們都是從生命力向下貫注或生命力在吸引物質向上說，這亦只是因爲我要破除你之唯物的偏見。你只要一朝眞了解了生命力自身的存在，則我們說物質自身在向上發展，或物質在導引生命力向下，都未嘗不可。因爲當我們了解生命與物質之不同，只是活動方向之不同，二者本質上是統一而相交會的。我們自其交會處看，說是上者下來，或下者上去；上使下者上，或下使上者下，都是一樣。至於究竟是因生命與物質間有流通之路，而後生命與物質相流通；或因相流通而後有此流通之路，亦不成問題。因爲我們從形式上去看，就是先有路而後力相流通；從力上看，則因有力而後有路之形式。形式與力，本來不過自內看自外看之不同，根本是一回事。

第三章　生存之意義

第一節　辨生命力之廣大、與不爲物質環境所限制

常識：上次的談話，你使我認識物質以外的生命之眞實存在，你使我在橫的物質世界之外，看出一縱貫物質世界的生命力。你使我從很小的生殖細胞中，透視着無窮廣大生命世界；使我不只自空間中，看生物在時間中活動；使我由生命在物質的空間中之身體之發育，而看出生命縱貫時間，超越時間之變化性的活動；使我知道生命與物質是向不同方向活動，而又非割裂爲二。你的話使我的世界觀更廣濶，我很感謝你。但是我細細體會你的話以後，我一方雖然覺得一種視野濶大之愉快，一方面也引起我更多的問題，我自己想想，不能解決，所以今天再來同你討論。

愼思：一些什麼問題？

常識：第一問題是你雖然告訴了我，由生物之生殖可以看出生命之無窮盡的力量，但是這種力量是從生殖細胞之可發育，或身體之分裂出生殖細胞看出。你所謂生命之無窮的力量，並未完全表現於物質世界。你所謂無窮盡之生命力之表現，只在無窮盡之子孫依次出現的時候。那麼，在子孫未出生以前，一個體生物雖含無窮盡的生命力於他生殖力之中，一個體生物之所表現的生命力仍是

有限的。雖然我們明知道，有限的生命力與無窮盡的生命力直接相通，不能截斷。我們的目光，在了解生物時，當立刻注射到無窮盡的生命力之全部，而超越了唯物的觀點。但是這無窮盡的生命力，終不是這有限的生物所有的。我們所得的慰藉，只是從想着那超越的無窮盡的生命力而來。無窮盡的生命力，誠然有他無窮盡的意義，然一有限的生物個體自身，比起他尚未實現的無窮盡的生命力來，其存在的意義，便太微小了。假如說一生物個體生存的意義，只是為他無窮的子孫，繇續種族無窮的生命，這種說法是許多生物學家拿來解釋個體生存之意義的，那我也不願相信。因為假設每一個體生存的意義，都在他的子孫，而子孫生存的意義又在他的子孫；則我們一直追索下去，我們始終莫有全存在的子孫。我們便只能說，一切個體生存的意義，都全寄託在那尚未存在之生命之上。假如個體生命存在的意義，永遠寄託在未存在的生命之上，豈不等於說個體生命存在毫無意義？而且如果一切個體生命之存在，都莫有意義，只是為生子孫；則一切生命之存在都是手段，目的則是永不存在的子孫。則生物個體何必一定要存在，以求達到那永不存在的目的？所以我想假如要說個體生命存在的意義目的在生子孫，我們便必須承認個體生命存在本身有意義，本身亦是目的。然個體生命存在之意義，比起那無窮盡的生命力本身之意義來太小了。我要問究竟個體生命存在的意義是什麼？

愼思：你說個體生命存在的意義，在其自身，是不錯的。個體生命存在本身，即個體生命存在之目的，亦是不錯的。但是你由此懷疑到個體生命存在之意義之微小，則是由於你思想上之一種混淆。因爲你既然知道：要了解生物之所以爲生物，當注視到無窮盡的生命力之全部，個體之有限生命和無窮盡的生命力不能隔斷；你便不當拿有限的個體生命，來與無窮盡的生命力相對比。因爲在你將二者相提對比時，你已把有限的生命，自無窮盡的生命力自身劃分出來了。我知道你要說「我已說明我之所以如此劃分者，是自生物個體中所實現之生命力看。」但是你若眞只自生物體中所實現之生命力本身看，你仍不會如此劃分。你在如此劃分時，你實際上是把生物個體中之生命力與身體之物質合看。假如你全不想到身體中之物質，你如何會如此劃分？至於你之所以想到其身體中之物質，便會如此劃分者；乃由於你覺到其身體之物質是有限的，是可以自其他物質中劃分出來的。於是你覺其身體中之生命力，亦是可以自無窮盡的生命力本身劃分出來的。所以你所謂生物中表現之生命力是有限的觀念，實際上是從身體物質之有限的觀念，轉移過去的。因此你所謂生物個體中生命力之有限，實際上卽是指生命力藉以表現其自身之物質之有限，而不是所表現的生命力自身之有限。

常識：無論如何，生命藉以表現其自身之身體物質，總是有限的。試問：生命何以只表現於有限的身體物質中，而爲物質所限制？

愼思：生命之表現，並不只是在身體物質中。我們以前已說過：生命之活動表現於身體與環境間，生殖細胞與所發育成之身體，只是生命力表現其自身之媒介了。

常識：但是身體所接觸之環境之物質，仍是有限的。

愼思：你說身體所接觸之環境之物質是有限的，是將其接觸之環境中物質與其他物質劃分開來說。

常識：我們對於物質世界，本可在意想中如此劃爲二部：一部是生物所接觸之物質世界，一部是生物所未接觸之物質世界。

愼思：但在實際上未必能。而且假如在實際上眞可如此劃分，則生命力未受物質環境之限制。因爲他所接觸的物質世界，都是他力量所到。生命力活動範圍，並不比他所接觸之整個的物質環境之範圍小。至於他所未接觸的物質環境，在實際上已同他所接觸的物質環境劃分開，已同他莫有關係，亦不能限制他所活動之範圍。

常識：但是我們從外面看時，我們都明覺生物接觸之物質環境範圍以外，還有其他物質世界，爲生物之生命力所不能到，則其生命力活動之範圍，是被外面之物質世界範圍住、限制住；亦即爲整個物質世界所限制住。

愼思：那你是把你所謂生物接觸之環境與環境外之物質世界合起來看了。你在意想中，已非眞正劃分開此二者。但只要你把此二者再合起看，你便不能說生命力活動之環境，只限於他所直接接觸的。因爲他所直接接觸的環境之物與其他一切之物，是相聯貫而合成一整個的物質世界。你應當說生物之環境，卽整個之物質世界。所以你如果承認了生命力活動於生物身體與環境間，卽當承認其活動於其身體與所在之整個的物質世界間。你不能在想生物之環境時，則將生物所直接接觸之環境與其餘物質世界分開；而在想物質世界時，則重新連起來。若你因相信在實際上的物質宇宙是相聯貫相連續的，不能截斷，所以你想物質世界時，你雖分了仍要合；你便亦應當同樣知道：生物直接接觸之環境，與非直接接觸之環境，分了仍當合；而當承認生物之環境，卽其所在之整個物質世界。故生物生命力流通於其身體與所在整個物質世界間，生物是對其所在之整個物質世界之環境而反應。

常識：我可承認生物對整個物質世界之環境而反應之說。但是他只能對整個物質環境刺激他的力量反應，他不能對物質之本體反應。所以其生命力只流通於物質世界刺激他之力，與他身體之物質發出之力之間，他不能流通入物質之本體之中。物質之本體在生命力活動之範圍以外，非生命力之所能攝及，而限制生命活動之範圍。

愼思：物質的本體是什麼？

常識：是物質之力所自發。

愼思：物質之力與物質之本體是分離或是不離？

常識：是不離。

愼思：那麼，生命力流通於物質之力中，卽流通入物質之本體。因物質之力所在，卽物質本體所在。

常識：但是物質之力發出後，卽與本體分離。此本體另自有力，向其他物發出。

愼思：那麼在物質之力後面的，與物質之力分離的物質本體，及其另外之力，便皆與此生物之生命力無關。他亦不能限制生命力。你想他在限制，你便已把此物質之本體與其對此生物所表現之力又合起來了。

常識：那豈不是生物在他與環境反應時，其生命力遍於爲其環境之全物質宇宙。如此，何以生物的身體有不與環境相反應時，生命的身體有他所未曾反應的環境呢？

愼思：你能相信生物身體存在時，眞有與環境不相反應時嗎？天上的星雲如果眞是我們生命的環境，在我們不特別注意時，我們的身體對之便眞全無反應嗎？天文學不是早告訴你萬有引力場，宇宙之電磁波之無所不在嗎？

常識：物質之本體可以繼續發出無窮的力，但我們的生命力所能攝及的，只是現在的物質之力，對於將來的（包括尙未傳達到之遠處的）物質之力，我們生命力便不能攝及。所以物質在我們生命力之外，限制住我們之生命力。

愼思：但將來的物質之力尙未發出，將來的物質之力，同我們將來之身體一樣，尙未存在於此時此地，不能有限制的作用。當將來物質發出力，成爲我之環境中力時，我們將來之身體，也有力與之反應，生命力亦同時表現於其間，生命力也不曾受限制。縱然你說將來之物質之本體，現在已存在，但他尚未發出將來之力，也不能對我們有限制的作用。

常識：那我們應當說一生物之生命力，無論如何都與爲其環境之物質宇宙之力同樣廣大。

愼思：正是。所以我們不能說表現於一生物體中之生命力是有限的生命力。我們應當相信生物之生命力，表現流通於其身體與爲其環境之物質宇宙，涵蓋爲其環境之物質宇宙之全境。

第二節　辨生命活動之目的非身體之保存

常識：我承認每一生物之生命力都涵蓋爲其環境之物質宇宙全境。但每一生物涵蓋物質宇宙全境，只爲的求其身體之生存，只爲保存其一些身體中極少之物質。豈不是生物只爲此極少之物質之保存而存在？

愼思：生物之存在，不是爲一定的極少數之物質之保存，因爲生物之活動有發展。生物之發展，有生理上之改變，因而有新物質之增加，與新舊物質成份之遞換。

常識：你前不是說生物之發展是爲求達到生存之目的嗎？那麼生物之發展，不過求生存之手段。我們可以說，生物之目的，本只是求其身體中原來之物質之保存，不過因爲要保存原來之物質，於是不得不在環境中發展他自己，求適應環境，而改變其生理、或往取新物質來供他之用而已。

慎思：但我們以前的話，亦只是一方便。我們前說生物之活動以生存爲目的，只是拿來對抗你對生物之純物質的因果說明。我們說生物之發展是爲生存；這話尙必須加以修正補充。我們現在當說生物之生存，亦卽爲該生物之發展。或者說生物之發展，卽爲發展該生物之生存。這樣，依我們看起來，所謂生物之生存，只是表現生命性的動，生物之發展，亦只是表現生命性的動。所以生命活動之本質，卽是表現生命性的動。生命活動是爲其自身而存在。

常識：你的話都是重複語，我不懂你的意思。我先請問我們說生物的生命活動之目的，在求其身體之保存有何不對？我們隨處都可找着證明，生物之生命活動是在尋找於他身體有利的，而避免對於他身體有害的。

慎思：如果生物之生命活動是爲身體中物質而存在，身體中之物質是爲什麼而存在？

常識：身體中物質爲他自己而存在，身體中物質之繼續存在，卽使生物超出時間之變化，而在時間中成爲恒常者。生命自己之超物質性、超空間性，卽顯露。此生命自性又卽顯露於物質空間，而完成了生命表現於物質空間中之意義。

慎思：你試去看看你身體中之物質，是不是爲他自己而存在。你的身體中之物質，卽在你之諸器官。每一器官，都自有一用處。肺的呼吸爲取氧氣入血管。胃爲了消化食物。血管與胃爲了運輸氧氣與消化食物養筋肉骨骼。筋肉骨骼，爲保護你其他器官。感官爲了傳遞感覺至神經，神經又能控制全身的運動，而指揮你的筋肉骨骼去保護其他器官。你的身體中每一器官之物質，都不是爲他自己而存在。

常識：那麼身體中之物質是互爲其他而存在。他們之互爲其他而存在，因爲他們各自爲自己而存在。

愼思：假如身體之物質是互爲其他而存在，便不能說是各自爲他自己而存在。因爲他們自己只是發生一種活動，而這活動之目的，則爲其他。那麼他們便都莫有爲自己之目的。我們看不出他們爲自己的地方。

常識：我們可以說，他們各自賴「其他之爲他」而達到「各自爲自己」的目的，他們是互相利用。

愼思：我們一定要先見他們有各自之爲自己之行爲，然後我們可以說，他們之各爲其他都是爲達到爲他自己的目的。如果我們只見他們各自爲他，我們便不能斷定他們之爲他，是爲達爲自己的目的，而互相利用。猶如我們只見一些人，都是能各各自動的爲他人而犧牲，我們便不能說他們之合作，是存心在互相利用。縱然他們互相幫助的結果，使他們各人都得利；但是我們看他們所得之利，決不自己保留，而馬上就轉輸與他人，我們便不能說他們有絲毫抱利己主義的心。雖然你可從他們之互相得利之現象來說，他們之表現一永遠爲他犧牲之精神，由於他們在實際上正賴此以達到他之利己，他們是不自覺的利己主義者。那麼，我們又何嘗不可以從他們之決不保留其所得之利之現象來說：他們之收得他人之利，只是爲莫有法謝卻他人之厚意，他們都是絕對的利他主義者呢。所以我們莫有理由說，身體中任何物質是為他自己而存在。

常識：但是整個的身體可以是為他自己而存在。

愼思：整個的身體，如何為他自己而存在？

常識：整個的身體在取得食物、消化食物、並避免妨害之環境，或與之鬪爭，便見其只是為求他自己之存在。

愼思：取得食物、消化食物、避免妨害後，所得的是什麼？

常識：就是他自己身體之存在了。

愼思：他的身體又是什麼？

常識：是他的各種取得食物、消化食物之器官，避免妨害之器官。

愼思：他的器官是為什麼？

常識：是為的發出各種取得食物、消化食物、避免妨害之活動。

愼思：你的話是繞一個圈。你說為身體保存而有某些活動，而所保存的身體，只是用來作某些活動的。那我可以說你是為身體保存而有吃飯等活動，而吃飯等活動又只是為的保存吃飯等之器官來作吃飯等事。你是為永遠吃飯而吃飯，你吃飯的目的在那裏？你的身體何嘗為他自己而存在？說你的身體為他自己而存在，與說為永遠吃飯而存在有何不同？你細細想想：你所謂你的身體為他自己而存在，同爲永遠吃飯而存在有何分別？

常識：那麼爲什麼一切生物之活動，都是在努力保存其身體，避免害及身體之物？

愼思：生物之所以努力保存其身體，只爲有身體而後有生命活動表現，因爲身體是生命活動要表現之所憑依。生命活動要表現於身體及環境間，所以必須有身體之存在。

常識：那麼所謂生命性之活動之內容是什麼？

愼思：生命性活動之內容，是生命通過身體，運用身體中的物質之力，而使身體之物質之力發出來，貫注到環境中物質之力，而表現一種相互融合和諧關係。

常識：你的話過於抽象，我請問生物何以要去取食物？

愼思：取食物是爲的積蓄一些物質於身體中，化爲身體中之物質，而後生命可以轉化此物質之力，以發出其活動。

常識：如果生命之活動只爲其自身，其所以要身體，只爲取身體中物質之力來活動：那麼，我們身體只要活動就行了，何以身體之活動，身體中物質之力之發出不是亂的、任意的，而總要維護着我們之身體之存在？我們由身體活動之總要維護着我們之身體，便可見身體保存，是我們之目的。

愼思：我們說生命活動爲其自身，即是說生命爲其自身之長久活動而活動。他要求其自身之長久活動，所以他不能不繼續的取食物，而化之爲身體中之物質。他不能不使他有長久活動之資源。所以他一方向前活動，一方卽照顧他的身體。他必須使他發出新活動，與他的身體之存在相諧和。他的身體本身也有「他一串活動的習慣形式」，那一串活動之形式亦卽是「生命自己之一串活動之形式」。所以他在向前活動時，他總是使他的新活動，不致妨害他「身體本身一向有的一串活動之形式」，而去排除「足以破壞身體之一串活動形式」者。這就是生命每一段時間之活動，總表現有維護其身體之作用之故。

常識：假如我們承認生命之新活動，都有維護其身體存在之用；何不說生命之目的，卽只爲維護身體之存在？我們可不說維護身體之一定的物質是生命之目的，我們可說維護身體之一定的習慣的一串活動之形式，是生命之目的。

愼思：我們仍不能這樣說。因爲新活動之必須有維護身體存在之用，不能證明此新活動只是爲維護身體存在而有。這只是證明新活動之必須與身體之存在相諧和。而且新活動維護身體之存在，旣不外維護身體的一串活動之形式，則此新活動，卽是爲使身體能依照其習慣的活動之形式而繼續活動——以有將來其他之新活動。他維護身體，是爲使身體將來能繼續的活動；卽是爲使生命自身之活動能繼續的表現。所以我們仍當說，他爲他自己之活動而活動，不當說他之活動，以身體之保存爲目的。

常識：你說生命之活動之所以要保存其身體取食物，都是爲的他自身之長久活動。那麼生命之保存身體取食物之活動，都是他用的手段；生命的活動本身應當在此手段之外了。

愼思：照我們說起來，生命之活動，並不在其保存身體取食物之活動之外。因爲保存身體取食物，也是生命之活動。「預備生命活動之資源」，「保存　種將來可繼續活動之身體活動之形式」，本身卽是生命之活動。照我們說來，生命之活動卽以生命之活動爲手段，而開啟更多之生命之活動。他以他自身爲手段，以他自身之發展爲目的。所以他莫有其他的手段、莫有其他的目的。他的目的，卽爲使他更具生命性的活動。

常識：那我們直可說我們吃飯是以吃飯爲手段，而達到吃更多的飯爲目的了。

愼思：那雖是一笑話，然而若果人只是一單純的生物，而生物的活動全體只有吃時，我們是可以這樣說的。但是我們尚須略加以修改。我們當說以吃飯爲手段，而達更多的吃的活動之目的。因吃的意義在吃，而不在飯。不過我們不能說，人只是一單純的生物，而生物活動之全體，在我們看來，不能用吃字來代表。

常識：自純粹生物之觀點，我看不出除了以吃保存身體、禦害與傳種以外，還有什麼。禦害只是不要使他物害及「他吃的食物所養成之身體」，傳種不過使食物所養成之身體能重複幾個，生出子孫來也只是爲繼續吃。生命的主要事務只是吃。以各種吃的方法之不同，吃的食物之不同，於是成千差萬別的生物。我請你說生命之活動除了吃，及其所統率之事外還有什麼？若果生命之主要事務可以吃來代表，那生命之活動仍不過爲保存身體。只是我們不說保存身體是爲的身體本身，而是爲繼續吃而已。我想我們的問題說來說去，總要說到可笑的地方去。你要把生命的意義神聖化，總是很困難的。

愼思：吃之觀念之所以可笑，正因爲吃使我們聯想到食物。但是我們眞了解吃只是生命的活動，我們只從其爲生命的活動一方面去看吃；那麼縱然生物的活動只有吃，我們旣把吃之意義中所包含之食物之意義去掉，那吃之一名，即同於生命的活動之名。我們當不說吃是生物之本質，而當說生命的活動爲生物之本質了。

常識：但是我們想到吃時，我們很難不想到食物；想到食物時，很難不想到食物是爲的身體的保存。我現在尙不能破除生物一切活動爲其身體保存之說，除非你能指出吃及吃所統率的活動以外有生命活動，不爲身體保存之生命活動。

愼思：如生物之純粹感覺之活動，對外界注意之活動，及一些自然的機械反射運動，自發的遊戲活動，都不是吃的活動。除你所謂吃的活動統率之避害的活動以外，都不是直接爲身體保存之活動。

常識：我們可以說這些活動，表面固不是爲身體保存——然而這些活動，間接的都是爲身體的保存。這些活動都與身體保存有關。生物在感覺注意外物後，馬上認識其與己之利害關係，而生避害趨利之動作。生物之自然反射運動，是求身體與外物之平衡，而身體可安穩的存在。生物之遊戲，是排除其過剩精力，而使生物之身體能有內部之舒泰，而身體能和暢的存在。所以這些活動都與身體保存有關。

愼思：但是就這些活動本身來說，你不能說：他之所以發生，是爲身體保存，是隸屬於保存身體之目的的。

常識：爲什麼不能？

愼思：因爲你所見的，只是這些活動，都有身體保存之效用。我們是先認識這些活動本身，而後了解其身體保存之效用。我們是於這些活動中、發現其身體保存之用。我們可以假設這些活動之發出，並非爲身體保存，只是他表現有保存身體之用而已。我們不能說這些活動是爲身體保存而有。因爲我們不能從身體保存一觀念，卽推出其必有如此活動。

常識：但是何以一生物之一切活動，都表現保存身體之性質？一生物之繼續的活動，恆卽一繼續去保存其以前所成身體之歷程。所以我們可以說：其所以要繼續的活動，由於其有一潛伏的身體保存之目的，在求實現。

愼思：我們可以比喻：生命之活動之所以總是表現保存其以前所成身體之性質，如拋石於水中所成之圈，以後生的圈，總套在以前之圈上，好似在保存以前之圈。然而每一圈之所以生，只是水波在向外蕩。你並不能說一水波之所以生，只爲保存以前之圈。然而你若只自新水圈套在舊水圈上，逆起來看，你就會以新水圈只是爲保護舊水圈而有。因爲你只自每一生命活動都與身體存在有關處看，於是以爲生命一切活動，都是爲保存身體而有。你要知你的身體，只是生命活動凝固成之形式。你只從生命活動之凝固成之形式方面看，所以你把向前的生命活動，誤視作只爲保存其過去所凝固成之形式之身體而有。你的看法是顚倒了。

常識：我們可以說水之波之所以向外蕩，繼續的成圈，由於石在中心發出一力，要繼續的向水面四方貫注，以維持他自己。我們可以自中心分向四方之力，比喩生物求身體保存之衝動。

愼思：你不能如此比喩。因爲這力是逐漸發展的，是向前的。他不只是維持他自己，而是開拓他自己。假如你說這力是借開拓他自己來維持他自己，以比喩生物借向前之生命活動，以達保存他自己身體之目的，你的話仍然錯了。因爲你所見只是這力，在其開拓歷程中，維持他自己，在生命活動中達保存身體之目的，便不能說爲保存身體而有此生命活動。照我看起來，你以生命活動之目的在保存身體，犯一種「以抽象爲具體之根本」，「不以內在之可能，而以已成之現實，爲新現實之根本」的錯誤。你由生命活動中表現身體保存之性質，遂以後者爲前者之目的，猶如你以物質保存爲物質運動之目的，一樣的不對。

第三節　辨生物之進化不能以身體保存之觀念說明

常識：但是我們看生命之一切活動，既都與其身體之保存有關係；我們便可以從其與身體之保存有關處，說明一切生命活動何以產生。

愼思：你以身體保存之觀念，說明生命之活動，至多，只是以一特定身體狀態之保存，說明特定生命活動何以產生。你不能以身體保存之觀念，普汎的說明生物之活動形式，何以有多種，生物之身體形態，何以有多種？生物何以有進化？何以有由低級生物到高級生物的進化？

常識：我們說，生物之活動形式何以有多種等，皆只是由于達到生存（卽存在）的目的之方法之不同。我們可以以同一的目的去說明之的。

愼思：但是我們的問題正在何以各種生物由有此達生存之目的之方法不同，而有其生命活動形式本身之不同？這不同處，明不能只以同一的達生存之目的去說明。若果一切生物都只爲求純粹的生存，則生物是不必有進化。因低級生物與高級生物同樣能夠生存。且低級生物，可生存得更久，更容易。高級生物之壽命有時反較低級生物短，而更難生存，因其賴以生存的條件更多。

常識：我們可說生物之有進化，是爲要求更豐富的生存。

愼思：若生物之目的只在求生存，則生存豐富與否，與各種生物有何關係？生物求生存又必進化而求豐富的生存，那就不能說生物之進化，只是爲求生存了。

常識：我們可說生物之有進化，只是自然淘汰之結果。最初只是有偶然的變異，因其與環境有適合與否，經自然淘汰之結果，於是留下現在許多生物。

愼思：你不能引用自然淘汰之說。依自然淘汰之說，可說生物之有變異是偶然。但是你不能。因爲我們都承認生物形態之變異，卽表示一生命活動之新形式。你以生物之求生存，說明生物一切之活動，卽須以求生存之目的，說明形態何以變異。你必須貫徹你目的論的說明。你不能說生物形態之變異是偶然的，而採取機械論的說明。

常識：我們可說原始生命求生存之目的本是同一。只以其所遇環境之不同，於是被形成爲各種不同之形態之生物。如水本是同要達一向下流之目的，以所遇地理環境之不同，於是形成各種湖沼江河之水。

愼思：你仍是採取了機械的說明。因爲照我們以前的討論，我們同時共認生命之每一活動之形式，都是其本身所具。我們共認生物身體之發育成之形態，是生命力自身活動於環境與生殖細胞間的結果，而非只是環境所形成。所以你要以求生存之目的論的說明，來說明生物之活動，便須以求生存一觀念，來說明進化歷程中各種生物形態之不同。

常識：那麼你如何說明生物之各種形態之不同，與生物之進化？

愼思：我們根本不以爲生命之活動是只爲求生存，不以生命之活動只求達單純的生存目的。我們以爲生命之活動，卽是表現生命性的活動。生命活動的目的卽在其自身，卽在使其自身表現出便是生命性的活動。所以我們亦可說生命之活動以其自身爲手段，以擴展出更多之生命活動。我們以爲生命活動之所以有不同形態，卽以生命之活動本內在有不同的形式，不必另外說明。

常識：那麼怎樣說明進化？

愼思：若果——進化論是眞的，而要問低級生物何以會進化出高級生物，我們亦只有說低級生命之活動本內在有高級生命活動之形式。若問何以進化之歷程，先有低級生物表現，後乃有高級生物表現？則我們認爲此由於生命活動之表現於所謂物質世界，乃前後相承，隨時間之進展而表現得更多更充實。我們以爲高級生物之所以爲高級生物，卽在其有更多更充實之生命性的活動。

第四節　辨生命性的活動之意義

常識：究竟什麼是生命性的活動？

愼思：生命性活動，卽生命通過身體，運用身體中之物質力量，使身體中之物質力量發出來，貫注到環境中之物質之力，而表現一種融合和諧關係。愈高級之生物，所以爲高級，只因爲他善於運用其身體之力，貫注到環境中去。他把他身體中之力貫注到環境中去時，卽與環境之物質之力有一種融合滲透，卽表現一種和諧。生物不動則已，一動則發一種力，卽與環境中之物質之力融合滲透而表現一種和諧。此和諧之所在，卽生命力之所在。所以我們說愈高級的生物，卽是愈能耗費其身體中物質之力之生物。但是他愈要耗費物質力量，所以愈須積蓄物質力量。而愈高級生物，取食物愈多，消化食物之力量愈強，營養器官愈完善。其次他愈要耗費許多力量，以達到所表現力量與環境中物質之力之和諧，所以他愈善於組織力量，支配「力量之運輸」，因而神經系統愈發達；愈須知道力量向何方用，所以感覺器官發達。這各種器官，都是爲生命力有物質力量可運用；由運用得適宜，以表現其自身而存在。然這些器官本身及其活動，又卽生命力本身運用物質力量所凝成之一種產物，或生命力之一種表現。所以生命力是以其自身之產物，自身之表現爲根據，而運用物質力量，以表現其自身。生命之保護其身體，卽保護其自身之產物，保護其在物質世界之一種表現；而使其自身在物質世界，可進而有其他之一種表現。生物之形態之進化歷程，卽生命在物質世界之繼續表現「更多更充實之生命形式，於世代之生物」之歷程，亦卽宇宙逐漸表現更豐富之「生物與環境之和諧關係」之歷程。

常識：你所謂生命性活動，所表現生物與環境之和諧關係，是否只是使生物身體之力與環境中物質之力和諧滲透而已，或還包含其他？

愼思：我所謂生命性活動，是生物使身體中之力與環境中物質之力融合滲透，表現和諧關係；同時卽使其自身之前後之動，互相和諧，互相滲透。

常識：這是什麼意思？

愼思：因爲每一生命之活動，都是一方表現其自身，一方引出其他生命之活動，再一方欲繼續其自身於後起生命之活動中。所以一新生之生命活動，必不能與以前之生命之活動衝突，而須相和諧。又以舊生命活動，欲繼續其自身之故，所以新生之生命活動，常爲舊生命活動所滲透，成爲舊生命活動之繼續表現之所。

常識：生命活動之引出其他一生命活動及繼續其自身，所表現的是什麼意義？

愼思：生命活動之引出其他一生命活動，表現生命之變化性；欲繼續其自身，表現生命之恒常性。

常識：以你這種說法來解釋生物之各種取食物、逃避患害，及感覺之活動，當如何解釋？

愼思：我們說生物取食物的活動，就其本身言，爲一新生命活動。但此活動又可以說，是爲積蓄一種物質力量，使將來有新生命活動而有。這是一種爲準備引起其他新生命活動而有之生命活動。逃避患害本身爲一新生命活動，但此活動又可以說，是保護我們身體中一些舊活動之可照常而繼續表現。這是以新生命活動維持舊生命活動之繼續表現。感覺本身是一種新生命活動，但是當感覺時，生物亦可感知所感覺之物對之有利或害，於是可再引出一趨利避害之活動，而逃避此感覺所對，或注視此感覺所對，而求取得之。此中所謂感其爲利爲害，不外是生物感此「感覺所對」，對其他生命活動有順或違之關係。故此逃避、注視、而去之或取之之活動，又不外由感覺與其他活動相滲透所開啟之新活動。此逃避、或注視、去取之活動之結果，趨利避害之結果，又必另外開啟其他之生命活動。所以生命活動之目的，是永求表現更多更豐富之生命性活動。

常識：以你這種解釋來看，則生物之形態之進化，一方是使生命在物質世界之表現更多更豐富之生命形式，同時亦即使表現於物質世界之生物自身之生命內容更充實了。

愼思：正是如此。

第五節　辨生命之自身無所謂死

常識：依你上所言，我們應當說生物是繼續要求其表現於物質世界的生命內容，變為更充實的；那麼物質世界之生物如果不死，豈不更能滿足此要求。何以生物要死？

愼思：照我們的看法，物質與生命，本是相連結為一世界之兩頭。物質之動，向一方向；生命之動，又向一方向。所以生命之表現於物質世界所成之身體，因其自身是物質，不免受其環境中物質之力之影響，而向橫的方向動，因而逐漸表現與向上的生命力相反之趨向。身體中物質之惰性，強到某一階段，不能為生命力表現之工具時，生命便離開物質世界，而復歸於其自身了。

常識：生命之離開物質世界，不是足以證明生命之不能控制物質，物質之力限制了生命力嗎？

慎思：在一生命存在的時候，此生命一直是有控制物質力量，他的力量遍於他的身體與環境間。在一生命不存在的時候，身體中之物質已不是他之物質，環境中之物質亦可謂與他無關。所以生命力不曾受物質力之限制。

常識：但是我們知道人一天一天的老衰或疾病，即一天一天的感身體中物質惰性之重。這不是人明明感到物質力量之限制身體，若有一物質力量在生命之下拖着生命嗎？

慎思：這仍不足以證明在生命存在時，有物質力量絕對在身體之外。因爲當人生命存在時，人所感之物質力量之惰性有多大，即反證生命向上之力有多大。由我們提一東西有多重，即證明我們提時之氣力有多大。

常識：但是我在提一東西時，總有「一東西在限制我」之感覺，覺此東西在外。

慎思：你覺得東西限制你，正因爲爲你在提東西。你是同時加一種力量來阻止東西之下墮。你之力與東西之力在互相限制，你不能只說他限制你。你覺他在外，只是因你在收他入內。

常識：但是我可覺我提不起了，覺得他在使我放下。

慎思：你覺得他在使你放下，只因爲你在想提高一點或提久一點。假如你已全無此想念，你不會覺他在使你放下。你感到他的力量的時候，永遠是你的力量同他的力量不離的時候、你的力量貫徹於他的力量的時候。

常識：我的力量既貫徹於他，何以不能戰勝他？

愼思：那只是力之方向不同。

常識：方向不同，便可說是二力，不是不離之力。

愼思：但是在此二種方向之力相交相徹時，即是不離之力。

常識：然而二種方向之力，總是逐漸在分離。

愼思：當分離時，你不感到東西之重量。你便亦不感他的力量之限制你了。

常識：當我們提不起東西放下，證明我們氣力之不及東西下墮之力。我們應當由生物之由衰老疾病而死，證明生命力之不及物質之力，所以控制不住身體。

愼思：但是當我們把東西放下時，我們的手也輕鬆了。我的氣力並莫有喪失，而回歸於我們自身了。我們用過的氣力，已在提東西時表現了，而提東西的經驗，仍保存於我之生命史中，即生命存在之進向中。所以當我們死時，我們並莫有損失。我們是帶着更豐富之生命經驗，回歸於生命世界自身了。

常識：怎麼知道不是我們生命死了？

愼思：你怎麼知道他死？

常識：因爲他不復存在了。

愼思：他不復存在，只是不復存在於物質世界，他只是不表現於物質世界。我們早已確立生命與物質的不同、生命世界之存在。他不存在於物質世界，不等於全不存在。

常識：他不存在於物質世界時，他依何歷程以復歸於生命世界？

愼思：他離開他所存在的物質世界，立卽歸於生命世界。猶如我們在河中以手握水，手取出，水卽歸於河中，而且此水是帶着雙手取出時，加於所握之水之力，歸於河中。因爲你握水時，你並未將水取出。生命之表現於物質，只爲物質可以供他之表現，他便表現於中。物質毀壞時，他不復表現於物質，卽歸到其自身。

常識：或許生命自身消滅了。我們明見生物愈衰老、生命力愈衰弱。我們卽可以推知其衰弱至零點，則生命自身消滅。

愼思：何謂生命力之衰弱？

常識：支配物質力之減退，謂之生命力衰弱。

愼思：何以知道老年之衰弱，不是由老年人身中物質惰性之增強，卽物質之殭固化，而非其生命力本身之衰弱？

常識：其物質之殭固化，卽表示其生命力之衰弱。

愼思：物質之殭固化，表示生命力之衰弱，你是自表現出的生命力說。我們現在的問題，是生命力自身。自生命力表現之處說，你見到生命力衰弱之處，卽有物質之殭固化。此二者是同時有的。你不能說生命力之衰弱是因、物質之殭固化是果。你亦可說物質之殭固化是因，表現生命力衰弱是果。那麼我們也可說老年人表現的生命力之衰弱，只因爲其物質殭固化，不能表現其更多的生命力了。所以從你的話，不能推出生命力自身可由衰弱至於零。

常識：我們提不起東西，把東西放下，可表示我們之力量已用盡。所以老年人漸不能支配其身體，表示其生命力已用盡。

愼思：我們提不起東西，把東西放下，也許表示我們對於這東西的力量用盡，但並不一定表示我們本身力量之用盡。所以我們把東西剛放下，我們的力量便又慢慢恢復了。而且我們下次提東西的氣力，又增加了。用盡的，只是表現於提這東西的力量。

常識：假如我們本來是提得起東西的，突然提不起，便可證明我們自已身體有病，是我們自已力量弱了。我們在少年，本來是能夠支配身體的，老年忽然不能，可知我們生命力本身衰弱了。

愼思：我們本來提得起東西，突然提不起，也許是身體有病，也許是貌似一樣的東西內部的重量已增加。我們老年支配物質能力之減退，也許是身體的殭固化，身體中物質的惰性增加了。

常識：我尚不能體會你所謂身體中物質之惰性的意義。

愼思：我所謂身體中物質之惰性，卽身體中之物質向環境中之物質反應，而順物質的空間之進向以表現其力量的意義。物質的空間是橫的，而生命向上活動之空間是縱的。所以身體中之物質愈順物質空間之進向而反應，則身體中之物質橫的運動之形式，逐漸增多，而漸與純物質世界之物質之運動形式合一。於是身體之物質之運動，沉入純物質世界之物質運動，化爲純物質世界之運動，於是不復能表現生命性的動。

常識：但是你將如何使我們更簡單的了解：我們表面看起來，生命力滅，而其實際只是他暫不表現於物質世界？

愼思：我們以前已經說過：生命之活動在比物質世界更高之一度之空間進向。我們可以想像到生命之表現其自身於物質世界，如一圓球在平面上滾，當他突然離開平面，我們只自平面之物質空間看，便以爲他消滅了。

常識：但照你以前所說，生命活動卽表現於身體之物質之力與環境物質之力之互相貫注之間，那麼身體之物質之力與生命力之表現，是不相離。照你剛才所說，則似乎是生命力是自外來憑藉身體之物質以表現他自己。及後來身體之物質，不堪供其表現，於是又離開。你似乎是以生命力在身體物質之力之外。在身體物質之力之外之生命力，是什麼東西？照你以前的話，力自外看卽一種形式的轉變。自外看生命力之表現，卽身體反應環境時各種生命活動之形式之轉變。此轉變出之形式，從一方面看，亦卽身體的物質與環境的物質之形式，所以生命活動之形式卽包含物質活動之形式。如果照你今所說，有在身體物質之外之生命力，則卽有離開一切「物質活動之形式」之生命力，此如何能存在？

愼忠：我所謂身體中之物質漸漸純物質活動化，不堪供生命力之表現，於是生命力卽離開身體中之物質云者；嚴格說起來，並不是說可供生命力表現之「身體中之物質」，後來卽化爲「不堪供生命力表現之物質」；而應當說是兩種物質。因爲嚴格說起來，不同物質活動形式的物質，卽是不同的物質。所謂物質，只是用以說明物質活動之所自發的名詞。我們只能以物質活動來界定物質。所以不同物質活動的形式，卽代表不同的物質。因此我們說身體中之物質純物質化，卽另外一種表現純物質形式之物質活動之物質，逐漸代替了原來身體中之物質。原來「表現生命力之身體中之物質」，隸屬於生命力。生命力不表現於物質世界，而回到其自身時；是携帶了原來身體之「物質形式」的活動（卽原來之物質活動），一齊離開以後之物質世界。所以所謂生物死時，生命力離開其身體中之物質活動；其實並非離開其身體中之物質活動。他只是離開以後之「代替其原來身體中之物質活動」之「另一時間之物質世界之物質活動」。所以生命力之離開物質世界，並不是只成爲一空洞的生命力，以歸到其自身，而是包含其豐富生命活動的形式（其中卽包括物質活動的形式），以歸到其自身，以成一更豐富之生命。這希望讀者細心體會。

常識：假如這樣說，那麼你說身體中之物質，因向純物質世界之空間之橫的進向反應，而逐漸增加惰性；亦不當說是一種物質在增加惰性，而當說：因「純物質世界之物質活動，有繼續開啟其他物質活動」，以代替非純物質活動的趨向了。

愼思：正是。

常識：那麼物質世界只是一物質活動之遷流，亦卽物質自身之互相代謝。於是我們當說：眞正存在的物，只有在現在表現活動的物質。我們可以說在過去表現活動的物質是消滅了，因爲他已不表現活動了。假若眞如此，則過去的生命活動，也可以說消滅了。因過去的生命活動，只表現於過去的身體中之物質，及環境中之物質間。而他們都消滅了，如何可說生物死了以後，其已過去的生命活動，還屬于生命自身，以回到生命世界？

愼思：照我們看起來，眞正存在的，不只是通常所謂現在的現實，而包含通常所謂過去的現實，與未來的可能。現在由過去而來，現在是要逐漸去實現將來。純粹的現在實未嘗存在。通常所謂現實，乃過去現實與未來可能之化爲現實的橋樑。依此義，純粹的現實只有當前一刹那之現象，而此現象才生卽滅。我們不能眞認識他。我們所認爲的現實，都是包含過去的現實，而同時意指着將來的。所以我們所謂眞正的存在，眞正的現實，不能限於所謂純粹的現在的現實。我們當擴大我們所謂存在或眞現實的意義，以包含一切當前現實所自來、及當前現實所歸往。於物質世界，人都承認過去雖消滅，其作用卽在現在；現在雖消滅，其作用則在將來。過去的物質雖消滅，然而現在的物質中之活動，即可說爲過去物質活動所轉化而成。所以有所謂物質能力不滅之現象。依同理，生命的活動雖似乎消滅了，然而他會轉化爲其他將來之生命活動。猶如我們遠遠看見一人在繞山走，漸漸看不見，這只因爲他轉了彎，暫向另一進向走去，如果我們只以山之橫面爲唯一眞實，我們會以爲他已死了。

常識：你的答覆都很好。但是我總覺此方面還有許多問題，不能解答。然而我一時又說不出，我們以後再談吧。

愼思：哲學問題本是無窮盡的，答案亦是一層深一層的。我們當然不能一時把所有問題談完，我們以後有機會，再談此問題。此處不能再論下去了。

第四章　人心在自然的地位（上）

第一節　辨心之存在

常識：兩次同你談話，使我破除了唯物論的偏見，知道物質與生命同樣眞實；而且知道生物的目的，並不只在求單純的存在，而在求生命活動之擴展。但是我仍不能信你平時所說的心是什麼，尤其不了解你所謂心是不受限制，能主宰我們全部生活，能自己決定；爲宇宙中心，能主宰宇宙的說法。我很懷疑：也許宇宙間，根本莫有「心」這個東西。我有時很贊同今之行爲派心理學家的意見：心、意識之觀念，只是原始時代人之精靈觀念的遺留。原始人最不解，何以夢中我們身體明明未動，又似到遠方去，於是以爲我們的身體中，有一小體，在夜間出去了。這樣慢慢演變成精靈觀念。由精靈觀念而成靈魂觀念，而成心、意識觀念。所以心、意識之觀念，很可能只是一原始迷信之遺留，將逐漸排在科學以外，一切的知識領域以外，猶如「精靈」之觀念一般。因爲他們同是一虛妄的觀念，空洞的名辭，他們同是不代表任何實在的東西。

愼思：世界上只有混淆的觀念名詞、用錯的觀念名詞，絕對無不代表任何實在的觀念名詞，你從心、意識之觀念自原始時代人們之小體觀念演變來，於是說，他們都是同樣虛妄空洞之觀念名詞。然照我們看來，卻認爲心、意識之名詞觀念，既然有了，則必代表一種實在。而且我認爲，卽原始人所謂「小體」之觀念，亦不是虛妄空洞無所代表。小體之觀念，最初是拿來解釋人之作夢等。這正因爲人之作夢等的活動，表示了人的一種異乎尋常的能力。原始人於是以小體之觀念，解釋此異乎尋常的能力。這種能力，卽此觀念所代表之實在。這種能力，卽是我們現在所用的心、意識等名詞，所代表的實在之一部。小體觀念之所以錯誤，在我們看起來，並非由於誤把不實在的心、意識之活動當作實在，乃由於其把心、意識之觀念，與物質之觀念混淆。以心、意識之活動，爲一種物質身體之活動，於是成一小體的觀念。後來精靈、靈魂等觀念，所以亦逐漸爲人所捨棄，亦正因這些觀念中尙存有物質性質之故。直到我們用「心」「意識」等觀念名詞時，我們才把物質性自精神性中分出，而專門以之代表心、意識之活動本身。

常識：你說心之觀念名詞，必代表一種實在的東西，但是他所代表的是什麼東西？我們有各種所謂心理活動是不錯的。如感覺、知覺、記憶、想像之類，我們是有的。但心之活動本身，我們從不曾經驗過，究竟心之活動本身是什麼？

愼思：心之活動本身卽是「自覺」，你不能說你不曾經驗過自覺，你莫有自覺的能力。因爲你說你莫有自覺的能力，你已自覺「你莫有自覺的能力」，你已在自覺你自己了。

常識：你的自相矛盾之論證法，我很難反駁。但你不曾在你的反省中，反省出自覺一種能力。你試自己反省你自己。你只反省出你忽而見此色、忽而聞彼聲、忽而記憶過去，忽而想像將來之各種心理活動。你並不曾反省出你的自覺能力，所以你不曾眞經驗自覺能力的存在。

愼思：你不能單獨反省出你自覺能力之存在，是不錯的。但這由於你自覺之能力，是滲貫於你一切心理活動之中，所以你不能單獨反省出你自覺能力之存在。這不足證明自覺能力之不存在。猶如空間，遍在於一切物體中，所以你不能單獨的感覺空間。然而我們雖不能單獨感覺空間，我們可以自物體中感覺空間，或通過空間以感覺事物，而我們可由反省，而知有空間。同樣你雖不能單獨反省出自覺能力，但由一切心理活動中都可爲你自覺。你可自你一切心理活動之爲你所自覺，反省出你之有自覺能力。

第二節　辨自覺爲心理活動之基礎

常識：但是我們自物體中認識其所佔之空間，空間可謂是附屬於物體之形式或物體之架格；空間對於物體，並不能有任何作用。如果我們各種心理活動，在我們自覺中，亦如物體之在空間；則我們之自覺能力，豈不同空間一樣，附屬於我們之各種心理活動，而且同空間一樣無作用的嗎？假如心之活動本身，卽自覺能力，那麼，心之活動本身對於我們一切行爲，還說得上有主宰的力量嗎？

慎思：一切的比喻之應用，都有其限度。我們說：各種心理活動，都爲我們之自覺能力所滲貫，這是表示我們的心之自覺能力，可普遍於各種特殊的心理活動。然而我們的意思，並不止於說我們之自覺能力，普遍於各種特殊心理活動。而且我們認爲：一切純粹的心理活動，都由我們自覺能力之運用而後有。我們之自覺能力之運用，是構成我們一切心理活動之基礎。所以他對於我們一切特殊心理活動之構成，是有決定主宰的力量。

常識：你所謂純粹的心理活動是什麼意思？

慎思：我所謂純粹的心理活動，是指通常所謂只有人才能有的心理活動。如感覺、知覺及苦樂等感情，及食色等本能，及其他所謂交替反應習慣動作，我們通常認爲，人以外之其他生物也可有。我們很難說，阿米巴莫有感覺；犬馬等莫有感覺和某一意義的知覺，及食色等本能。他們能有習慣動作，交替反應。（意譯 Conditional Reflexion，即「轉移對一刺激A之反應動作，成對與A常接連呈現之刺激B」之反應動作。如每與食物與狗時，即搖鈴，狗之流涎原爲對食物之反應。然以後狗可聞鈴卽流涎，此卽一反應之轉移，或交替反應也。）他們都有所好惡，我們也很難說他們不知苦樂。但是我們通常不承認他們有心。我們通常只承認人類才有心，所以我們可不把人與非人所共有之感覺知覺苦樂感情本能等，當作純粹的心理活動。除此人與非人所共有之感覺知覺等外之一切心理活動，便可算純粹的心理活動。在我看來，一切純粹的心理活動，都由我們有自覺能力而後有。我們的自覺能力是構成一切純粹心理活動之基礎。

常識：我很願聽你如何以自覺能力，作爲說明一切心理活動所由構成的基礎。

愼思：關於這個問題本來說起來太複雜，因爲這須涉及人類心理之全領域。但是我們可以簡單的說明幾種最普遍的心理活動，如記憶、判斷、想像、意志、同情等，都是待我們之能自覺而後有。我們爲什麼有記憶？我們都知道我們所記憶的是我們所曾經驗的。但是曾經驗的事早已過去，何以我們還能記憶？有人說這只因我們的生命順着時間流行，爲時間變化中之不變者，所以能將過去的經驗內容保存；遇着相關的事物的刺激，便能使過去經驗內容，在現在重現。這種說法只是以一種交替反應式的聯想，說明記憶。這種說法，只能說明過去經驗內容之外表的重現，不能說明眞正的記憶。眞正的記憶，譬如我們記得昨日遊泰山的情形，在此時我不僅是重現我昨日在泰山上所見風景之印象於現在。而且我知道今日這些重現的印象，屬今日之我的。其內容，則原是我昨天的印象之內容，或昨天的我之經驗內容。又此昨天的我之經驗內容，是我要去記憶的對象。記憶的活動出發自現在，重現的印象，亦在現在。但我知道：只是現在我在去記憶，我所要去記憶的對象，乃是在過去。因記憶是以過去我之經驗內容爲對象，所以記憶是一種現在我回溯過去我，亦卽是現在我自覺過去我的活動。如果莫有自覺，則記憶卽不可能。

常識：你說記憶是本於現在我自覺過去我，是不錯的。但是在你未以自覺說明其他心理活動之所以可能以前，我希望你把現在我自覺過去我的意義，加以更明白的界定。

愼思：這正是我們所必須作的。我們說「現在我」自覺「過去我」，這裏面含兩層意義：一層是現在我與過去我之對待？二者不同，中有時間之間隔。一層是現在我與過去我雖不同，中間雖有時間之間隔，然而我們同時卻知道過去的「我」卽現在的「我」；過去我之經驗內容，是現在我之經驗內容。於是我們覺不同時的我之經驗內容，是一致的、相貫通的、統一的。這種對待的我之經驗內容之統一、間隔的我之經驗內容之貫通、不同時的我之經驗內容之一致之發現，卽是記憶中之自覺之本質。

常識：那麼，請你繼續以自覺說明其他心理活動。

愼思：我們次要說明的是判斷。所謂判斷最簡單的姑說是：判斷那個是什麼？如那個是山。當你有如是判斷時，你必先經驗當前所覺之「那個」，而後以你過去曾經驗之山之內容，解釋那個之內容，於是斷定其是山。這時你正是發現前後不同時之經驗內容，有其一致之點，而把你前後不同之經驗內容，貫通起來、統一起來了。因爲你有如是判斷之能力，於是你能將不同時經驗內容之一致之點，提抽出來構成概念。稍複雜的判斷，如判斷山是地面的突出物，則是認識山與地面的突出物之概念內容之一致之點，將此二概念，貫通起來。判斷卽推理之基礎。由判斷到其他判斷，卽有所謂推理。所以推理，本於諸判斷間之有無一致之點、或可貫通之處。發現經驗間一致之處、貫通之處，本於自覺之能力。所以判斷推理都由自覺而後可能。其次眞正的想像，亦由自覺而後可能，因爲你之想像活動，是要取材於你過去的經驗內容而重加組織安排，以構成一想像的對象或意境。但是這對象意境必須是一整體，其中之各部必有一致之點貫通之處。這卽證明想像活動之所以可能，本於你自覺的能力。其次你純粹的意志活動，必集中於一理想觀念。你集中於一理想觀念以後，你的生活經驗卽統一於一理想觀念之焦點之下而發展。你以後之生活經驗，卽爲此理想觀念之內容所貫通。其次你的超生物的自我保存本能以外之情感活動，如對人之同情，這必待你先能自覺你的情緒，而後能看見他人之表情，生出同情，這更人所共認。所以我們可以說一切純粹心理活動，都本於我們之能自覺而後可能。

常識：你的話並不曾把一切心理活動一一細加分析，而以我們自覺之能力說明之。不過在這一點，我可以原諒你。因爲我們莫有這樣多的時間來討論這專門的問題。但是我懷疑，你以同一的自覺能力來說明不同的心理活動的辦法。我不了解同一的原因，如何能說明不同的果。

愼思：我看你的話是誤解了我的意思，我的意思並不是在作因果的說明。我的意思在作基礎的說明。我是說一切純粹心理活動，都以自覺爲基礎，必待自覺而後可能。自覺爲一切心理活動之本，不是說單純的自覺能產生一切的心理活動。

常識：但我還有一問題，你在論記憶時，說自覺只是經驗內容之統一者、貫通者。那麼自覺活動，只當在已有之經驗中活動、只能貫通已有之經驗。只在已有經驗中活動，其作用便不當超出已有經驗外。然而判斷推理想像等都可涉及我們自己已有經驗以外之事物對象、境界等等。這等等就其本身說，亦非過去經驗本身所已有。意志之活動，乃開闢我未來之經驗，同情是同情於他人之生命經驗，都是超我們已有經驗之活動的。自覺既是活動於我們已有經驗中，如何能爲超已有經驗以外之活動之基礎？

愼思：你的問題很好。我們就此可以引出我們對於自覺之本質另一面的說明。你要知道，我們在論記憶時，說自覺爲過去現在經驗之統一者貫通者，不特不涵蘊「自覺只在已有經驗中活動」之意，而且同時卽涵蘊「自覺能超過已有經驗的範圍而活動」之意。在記憶中，自覺活動似限於已有經驗中。此乃由於在記憶活動完成後，我們同時卽回顧到自覺活動之材料，都是我們已有之經驗內容之故。自自覺活動之本質而論，他只是經驗之統一者貫通者。而其所以能爲經驗之統一者貫通者，在另一面，卽表示其能超越經驗之限制之意。卽以記憶而論，在記憶中我們在現在重現過去之印象，而又知此印象之內容是我過去之經驗內容。這一方表示我之自覺力，能將過去現在經驗貫通統一，一方卽表示我之自覺力能超越我現在之生活經驗，以回嚮過去；同時使過去我之經驗內容，超越出其過去所隸屬之經驗系統，不復限制於過去我之經驗系統範圍中，而成我現在之經驗內容，隸屬於一現在我之經驗系統。我們開始去作記憶活動後，我們所要記憶的印象內容乃重現。我們是先有記憶活動，而後有所記憶之印象內容之重現。所以在記憶中，我們的自覺力之最初表現，其功用乃在：使我們超越現在之生活經驗，回嚮過去，並使過去經驗內容，超越其所在之經驗系統一面。在記憶中，我們的自覺力，必先表現此功用，而後過去的經驗內容重現於現在。在過去的經驗內容重現於現在以後，我們才發現：我們自覺力之貫通我們前後經驗的功用一面。所以我們可以說自覺力之本質的功用，正是使我們超越經驗之限制。至於其貫通統一作用，反可以說是其能使我們超越經驗之限制之結果。

常識：那我就希望你就你所說自覺力本質的功用，正是超越我們經驗之限制，來說明判斷、推理、想像、意志、同情等心理活動之「各別不同的超越已有經驗限制」之性質。

愼思：這正是我們應當補足的。我們說記憶只是記憶我個人過去已有的經驗。當我們去記憶過去印象時，我們雖使過去的印象內容超越其所在之經驗系統，而隸屬於現在我之經驗系統；但是他總是只限於我之經驗系統。我所重現的印象內容，仍只是我的印象內容。然而在判斷中，譬如我們判斷一對象是山時，雖然亦可潛伏有重現「我們過去一些相同的印象或經驗之內容」之活動；然而我們可說在此活動未完成時，我們馬上便把我們過去之印象或經驗內容，湊泊滲透到當前所感覺知覺之山之上。亦可說這時我是將過去之山之印象經驗之內容，普遍化爲一理，而應用至我的範圍以外，而作爲對當前所感覺知覺之山之意義的解釋。所以這時我「過去的山之經驗」之價值效用，不復限於應用在我的經驗範圍之內；而完全超越我的經驗範圍外，以表現於客觀之山上去了。所以判斷雖然與記憶，同表現統一貫通經驗之用，然而其中自覺力活動方式，則截然不同。不過像這種判斷之對象，到底還是當前的感覺知覺所得。而我們之推理，則常能推測我們不能自當前感覺知覺所得之物。如我隔牆見角知有牛，此是判斷，亦一不自覺的推理。在此時我們是根據普遍化的「如是之角，必屬於牛」之理，又知此角之爲如是之角，才判斷此角必屬於一牛。我們應用此理以判斷此角必屬一牛時，此角所隸屬之牛體，全在我們當下之感覺知覺之外，而我們此判斷活動，則直接向此牛體施發，成此角必屬此牛體之判斷。所以在此含推理之判斷活動中，我們之活動，更超出我已有之經驗範圍之外。但如見角推知牛，我們對牛之身，以後尙可說能感覺知覺。至於在更高的推理，如科學哲學上之推理，則所推知之理，可根本非感覺知覺之對象，且常爲感覺知覺所無法完全加以證實者。故其超已有經驗之範圍者又更大。然而無論關於實際事物之推理或科學哲學之推理，其所得之新理必須與已經驗之宇宙事物之理，和諧配合。如有不能和諧配合之處，吾人必疑二者之一爲錯誤，或再求一新理爲媒介，使不和諧配合者歸於和諧配合。至在想像中構造一對象或意境，則此中雖亦可含有此對象或意境是如何之判斷；然吾人可明覺此對象或意境，與吾人所已經驗之世界，暫時不必和諧配合，而可有一距離。然吾人竟能安然忍耐之。且在此距離愈大時，我們愈感我們想像力之強。所以在想像之活動中，我們所運用者，雖是我們已有之經驗之材料——此有賴於回憶記憶——但我們運用此材料之活動方向，則是有意的離我們所已經驗之世界而飛馳。因此，在想像之活動中，我們自覺力之表現爲超越我已有經驗之範圍者又更大。但無論判斷、推理、想像，其中自覺力之活動方式雖不相同，然而他們有一相同之點，卽他們都只能使我們得一新的知識，或新的意境。這些新的意境知識之構成，其材料總是原於舊的事物之經驗。此種種活動都不能直接對實際世界有所改變或創造，來使我們得關於實際世界之新經驗。而我們的意志活動則不然。在意志之活動中，我們以一理想觀念支配我們之行爲，欲改造我與環境之現實狀態，以達於此理想觀念所指示之一理想狀態。此時我不是如在想像中，只想離開我們之經驗之世界，在想像中幻出一事物之意境；而是要徹底超越我現在之狀態，到一將來之狀態。我是要否定我現在之生活經驗，去求得另一生活經驗。於是由意志而引出動作，改造現實以符於我理想之狀態，得關於實際世界之新經驗。但一切判斷、推理、想像、意志等知意的活動，都可不待他人先有同類的活動而有。然而某種同情之活動，卽必待他人先有某種情緒而有。在同情時，我們所能發的情緒，固亦不外本於我自己所先曾經驗之情緒之重現或組合所成。然而當我們自覺我們心之情緒與他人作同樣之振動時，我們確明覺我們自己的心之振動，是依伴着另一獨立於我外之他人之心之振動，而這兩種振動是相滲貫而不可分。所以同情不像意志之活動，只是本於我之想超越現在的我，化爲將來的我。同情是本於我之能超越整個的我自己，而與他人之我成一體。由同情而使人不僅自覺我，而且自覺我在他人之中，他人在我之中；此即使我們能超越我之經驗之全部，而視他人之經驗，如我之經驗，以擴大我之為我，使此更大之我中有更豐富之生活經驗內容，有更豐富之貫通性、統一性之表現。

常識：縱然我們承認記憶、判斷、推理、想像、意志、同情等純粹心理活動，都本於我們之能自覺，以我們之自覺力為基礎，這仍不過如物體之以不同的空間之架構、不同空間之形式組織，為基礎。我們仍不能由此斷定我們自覺力有何主宰的力量。

慎思：假如我們只是自各種心理活動之所由構成上，看其自覺力之基礎，則你以空間之架構形式組織，比自覺力亦未嘗不可。但是我們尚須自各種心理活動如何發展上看。假如你自各種心理活動如何發展上看，則在各種心理活動發展的歷程中，他們便會表現對我們之行為人格之決定力量。他們之決定力量，即本於他們自身之構造。他們自身之構造成之基礎是自覺力。所以他們之決定力量，即自覺之決定力量。自覺又是各種心理活動構造成之共同基礎。所以自覺力即一切心理活動之中心力量。

常識：假如照你剛才所說，不過說明一切心理活動之力量，即是自覺之力量，因而一切心理活動皆由自覺為基礎而構成。那麼，除了心理活動之力量以外，亦別無自覺的力量。你的話只能證明自覺的力量是一切心理活動力量之中心，而不能證明他有主宰一切心理活動之力量。

愼思：你只要眞承認自覺是一切心理活動之中心，我們卽可進而說明一切心理活動，都爲我們之自覺力所主宰。因爲一切心理活動都以自覺力爲中心，卽一切心理活動，通過自覺的中心，便與其他心理活動交滲互貫，而有新心理活動之產生。新心理活動產生後，亦必通過自覺之中心，而後能開啟以後更新的心理活動。所以我們對於我們心理活動一度更加自覺，我們對於我們自己及對於世界，必有新的了解，我們的情意之活動必有新方向。這是你可由自己反省而獲得證明的。你的反省，明明證明給你看，由你的自覺，可以創造出你的新心理活動，而使你有新經驗，使你人格之內容有所改變。這豈不是明明證明給你看，你的自覺對於你有主宰的力量？

第三節　辨心理活動與生物之自利本能

常識：我現在在想，在我們已承認心理活動之獨立存在後，我是很難否認自覺在其中的中心力量主宰力量。而且因爲一切心理活動都是可以自覺的，我們在自覺所攝的範圍內，討論自覺的力量，猶如在一國中討論國王的權力，我們總易受一種蒙蔽，覺得自覺力量之大。我們現在要跳出可自覺的心理活動範圍之外來看。我現在打算根本否認純粹心理活動之獨立存在。我認爲一切所謂純粹心理活動，都是附屬於我們生理慾望或生物自利之本能。一切純粹心理活動之知、情、意，在我看來，也許都不外求我們生理慾望、生物自利本能之滿足。所以他們整個的附屬於生理慾望、生物之自利本能，他們整個的受生理慾望、生物之自利本能所決定；他們整個的受生理欲望、生物的自利本能所主宰。

愼思：你這個險冒得太大。你能夠證明我們心之由判斷推理以求眞理，由想像以求美，由同情而幫他人犧牲自己以求善，都是爲滿足生理欲望、生物的自利本能嗎？

常識：在人求眞善美時，他們自然不覺他們是爲滿足其自己之生理欲望生物的自利本能。但是我們追溯人類求眞善美之起源，我們便知這一切求眞善美之心理，都原於人之滿足其生理欲望生物的自利本能。人類求眞，原於想了解自然，而控制自然，以改造其物質環境，使生存順利。如天文學始於占星祈禳，幾何學始於測土地。最早的科學的發明，總與我們實際生活有關。人類求美始於裝飾，始於求愛，求愛是一種性的生活要求。人類幫助他人、最初是與他人互相利用。所以人類是團結最緊的民族、是敵人最凶猛的民族。眞善美之要求，都原於生物之本能的自利，並不是原於心之自主的要求。

愼思：你的話很明顯犯了極大的錯誤。你不能就一個東西外表看他的起源所自，斷定他的本質是什麼。你不能說荷花自污泥長出，說荷花之本質是污泥。你要斷定荷花之本質是污泥，你必須先看只有污泥的地方，會不會長出荷花。你亦不能斷定人類愛眞善美，出自生物之本能的自利。你要斷定人類之愛眞善美出自於生物本能的自利，你要看只有生物之本能的自利處，會不會亦有眞善美的要求。假如你要說有生物之本能的自利處，卽有眞善美的要求。那你將如何解釋有同樣或更強烈生存意志之人類外的各種生物，何以莫有由愛眞而生的科學，愛美而生的藝術，愛善而生的道德。你說一切科學眞理初起於實用、求美始於裝飾、人類互相幫助原於互相利用的話，縱然是眞的，也只證明人類愛眞美善之活動，最初表現時，與人類之生物的本能要求互相混雜，如荷花是在泥土中慢慢生長出根來。而且你的話，在實際上也尚有不妥之處。譬如你說天文學始於占星祈禳，幾何學始於測土地，並不能證明人類最初之觀天象觀地形，是出於要發明占星祈禳之術，測地以耕種之術。因爲人首先要看了天象是如何，而後有占星祈禳之事；要看了地形是如何，而後有測土地之事。你不能說觀天象地形本身是爲實用。你只能說觀天象地形是出於人類求知心，求對天象地形眞相如何，加以純粹的判斷。你說求美始於裝飾，裝飾始於求愛，亦不妥。因爲原始人必須先覺某種形式之裝飾是美的，而後去裝飾以求愛。他之覺某種形式之裝飾是美之心，便非卽求愛之心。同樣人類在有意識的互相幫助、以求互利時，人必已有互相之信賴。假使人是絕對自私，人如何肯信賴他人會報答我？所以卽原始人之求實利求裝飾之美，或互相利用之團結心理，都必待人先有愛眞善美之心、而後可能。所以你不能反以此證明愛眞善美之心原於生物本能的自利。

常識：但是你要注意，我們的一種行爲其原始目的或眞目的，常是我們所不自覺的。在我們意識中，明顯的目的之外，尚有我們下意識中之潛伏的目的。我們明明是自私自利不肯幫助某人，但是我們偏去想某人不需我們的幫助，他已有能力幫助他自己。我們明明是想當英雄，而我們自覺是爲國爲民。我們常是不自覺的自欺。我們要斷定我們的眞目的在那裏，我們要看我們的行爲歸宿於何處。我們求眞善美，那只是我們表面的目的。我們的眞實目的，只是以各種眞善美來滿足我們極複雜的生物自利本能。因爲我們明明看出人類歷史上科學藝術道德的發展，是隨着人類求生存的方式變。而不同階級利益的人對眞善美的標準之看法，正以他們各自之利害爲衡。而且科學藝術道德愈發達，總是對於我們的生存愈有利。所以我們可以斷定，在下意識中，人類之求眞善美，實際上都不外求滿足其生物自利之本能，爲此本能所決定。

愼思：我們不自覺的自欺的時候，是有的。但是我們爲什麼會有自欺？有自欺的心理，卽有不用自欺的心理。我們要以爲國爲民自欺，卽是我們本有爲國爲民的心理。假如我們根本無爲國爲民的心理，決不會以爲國爲民的心理自欺。假如我們要以求眞善美來掩飾我們本能的自私，卽是我們本有求眞善美的心理。假如我們唯一所有的，只是滿足我們生物之本能，我們用不着以求眞善美自欺。至於從人類歷史上看出科學藝術道德之發展，隨人類求生存之方式變；不同階級利益的人對眞善美標準的看法，常以他們各自之利害爲衡，我們都暫不否認。然而這仍只能證明人類求眞善美的心理，受人類求生存的心理之牽掛，不能證明人類求眞善美之心理本來非眞實。至於科學藝術道德之愈發達，則對於我們的生存愈有利，更不能證明科學藝術道德之發達，純以增加生存之福利為目的。因為我們可以說這是科學藝術道德之附帶效果。所以你的話莫有一句，可證明人類之求眞善美，原於我們之生物自利的本能。

常識：但是我們可以說，生物之自利的本能，即生物要保存其生理平衡，發揮其生理機能之本能。我們可以承認，人類之求眞善美時，別無下意識中自利日的。但是我們可以說，人類求知識，創造藝術，實踐道德時，我們生理上必有一種相沿之衝動。我們身體腦髓，此時有一種不容已的運動，一定要表現為追求知識等活動。不然則我們生理之平衡喪失、生理之機能滯塞。所以我們之求眞善美，實際上可以說不外要保存此生理之平衡，發揮此生理之機能，這仍不外一種生物之自利本能。

愼思：你說人心求眞善美時，其生理上必有某種衝動，如不去求眞善美，則生理上亦必有一種不安。這是我們可以承認的。但是你所證明的，只是心理與生理的活動間，有一種相應關係。這不能證明你心之求眞善美，只是為的生理上平衡之保存，生理機能之發揮。因為即根據你的話，我們亦可反轉來說：生理上平衡之所以必須如何而後可保存，生理機能必須如何去發揮，由於我們心靈先有求眞善美的目的。而且如果「心之求眞善美，只是為生理上平衡之保存生理機能之發揮」；而「生理之平衡之保存，生理機能之發揮，其基礎在身體之存在」；則人便決不當有為求生理平衡之保存，生理機能之發揮，而自願其身體之毀滅的情形。因若身體尚不存，則生理平衡之保存失其價值，生理機能之發揮，卽失所依據也。然我們之心求眞善美時，明明可爲眞善美之獲得而犧牲生命，自願毀滅其身體而不惜。這將如何去解釋？我們如何能將人之求眞善美，與生物之自利本能，等量齊觀？

第五章　人心在自然的地位（下）

第一節　辨心理活動之超感覺經驗

常識：我現在承認人之求眞善美之心理活動，不是自生物之自利本能出發，他們是一種眞實的存在。但是我不承認他們是能超越於生理活動之外。第一層是你似乎亦承認人之求眞善美之心理活動，必有其相伴之生理活動，心理活動與生理活動，只互相平行或相依賴，他們似並列的存在，誰也不能超越誰。第二層是，心理活動無論怎樣複雜，我們總可加以分析。我們縱不說他全是感覺經驗所成，總是離不掉感覺經驗。莫有感覺經驗，則一切複雜的心理活動，根本不可能。自覺力也必須有感覺經驗已預備好材料，才可開始其構造「複雜心理活動」的工作。他只能在自然所供給我們之感覺經驗範圍內活動；他不能越雷池一步。所以自覺力是被限制在我們的感覺經驗以內。所謂他的超越感覺經驗的力量，不過在自然所給與之感覺經驗全體中，從這點跳到那點，翻來覆去，把感覺經驗加以組織架構而已。因爲他所統屬的一切心理活動之端尖，始終只是感覺經驗而已。我們的心之自覺力，只在感覺經驗範圍內活動。感覺經驗依於生理變化而有，所以我們的心之自覺力，不能超越我們生理所劃定之範圍。

愼思：關於你的話之前一點，我緩一下再說。我先說你後一點的錯誤。你的後一點的錯誤，在只自心理活動之最低級的材料上看。所以你總覺心理之活動，跳不出感覺經驗的範圍。但是你爲什麼不自心理活動之本身看，從每一心理活動，都是感覺經驗上之組織架構，而說每一心理活動都是超出感覺經驗之範圍的呢？你的錯誤在把感覺經驗之範圍視作箱子，故以爲心之活動是限於此感覺經驗之中。假如你把感覺經驗範圍，只視作地面之圓圈，那麼你之心之活動便如在此圓圈上行動。自平行於地面之空間上看，而不只自上看下，他每一行動不都是超出你感覺經驗之範圍嗎？你所判斷推理之對象，不在你感覺經驗之外嗎？你推理所得之科學哲學之概念，不常是你感覺經驗，所永不能一一完全證實的嗎？這些你不是都承認的嗎？

常識：這些我先是承認的。但是我現在想，我們所據以判斷推理的原始材料，總是我們之感覺經驗。所以我雖承認判斷推理之對象，在感覺經驗之外。我可不能相信，我的判斷推理之活動，眞超越了我之感覺經驗範圍，而達到客觀對象本身。我的判斷推理，始終只是我的判斷推理，卽始終是主觀的。就他們之起源上說，始終離不開我舊有的感覺經驗而被限制在我舊有的感覺經驗以內。因此由判斷推理所得之數學哲學之概念，亦限制在我舊有的感覺經驗以內。

愼思：你說你判斷推理，離不開你舊有的感覺經驗，是不錯的。你因此而說你的判斷推理，被限制在你舊有的感覺經驗之中，卻是錯的。你不能說你的判斷推理只是主觀的，不會眞達到客觀的對象。因爲如果你的判斷推理只是主觀的，不曾達你所要判斷推理的對象，那便等於說你不曾判斷推理。因爲你的判斷推理之「能」，不能離開其所對之「所」。如果離開，你的判斷推理便毫無意義。至於科學哲學上之不能完全證實之概念，亦不能說是主觀的，因爲他們都有其所對客觀之理，不過關於此問題，我們可以不加討論。

常識：假如我們判斷推理之活動，眞已達到其對象，便不當有錯誤之判斷推理。

愼思：假如你的判斷推理之活動，不曾達到其對象，更不當有錯誤之判斷推理。因爲你的判斷推理，本來與其對象不相干。你的判斷推理之所以錯誤，由於你用以判斷推理之經驗內容，或已有之知識，配搭不上你所指定之對象。而不是此「去配搭之活動」，即「你之判斷推理之活動」不曾達到你指定之對象。如果你配搭之活動不曾到你之對象，你也不能發現你所用以判斷推理者之配搭不上。你不能自你用以配搭者之被打擊而退縮回來，於是以爲你之判斷推理之活動本身不曾達到對象。你在論理上，必須承認你判斷推理活動，曾達到其對象。你在心理上，所以不覺你判斷推理之達到其對象，只是因爲你只是向後看，向下看你的判斷推理之活動所用的工具，而不曾向前向上自判斷推理活動本身看。這是你智力本身之惰性，你自己須加以克服。

常識：我現在承認在判斷推理中之活動，達到我們感覺經驗以外之對象。但在你感覺經驗時的心，總是限於你之感覺經驗，你的心仍爲自然供給你之感覺經驗所限。

愼思：但你須知自然環境時時在供給我們之感覺經驗——因自然環境時時在與我們身體互相反應，我們之生命力時時流通於我們之身體與自然環境間。在我們生命存在時，我們的感覺經驗之繼續發生，好比一不斷之流，我們不能加以截斷。所以我們不能說我們之感覺經驗有什麼一定的限制。因爲每一限制，轉瞬即被克服。你的感覺經驗，亦時時轉化入你心之自覺中，爲你心之自覺力所構造。這亦是一不斷之流，你亦不能加以截斷，而說你的心有什麼一定的限制。你以「歷程」「流」之觀點去看，你將看不見什麼一定的限制在那裏。

常識：我們從「歷程」「流」之觀點去看，固然看不見什麼感覺經驗之一定的限制。然而在自然環境，未與我身體有某接觸時，我們即無某感覺經驗。此即可謂生命之活動受自然之限制。我們之感覺經驗未爲我們所自覺時，我們即無純粹之心理活動。此即可謂心之活動受感覺經驗之限制。

愼思：當身體未與自然環境有某接觸時，我們之生命，根本未表現其生某感覺經驗時之活動，所以我們不能說我們之生命活動受了限制。當感覺經驗未爲我們所明顯自覺時，由此自覺而有之心理活動，亦根本未表現。所以我們不能說我們的心之活動受了限制。

常識：我們可以由「心要有自覺的活動，必待先有感覺經驗」，而說心本身受了限制。

愼思：但我們又何嘗不可以說：感覺經驗必待心之自覺，而後轉化出純粹之心理活動，而說感覺經驗本身亦受了限制？

常識：我們說感覺經驗在未被自覺時，仍是感覺經驗，仍然存在。而心未有自覺之活動時，則心可說不存在。所以只是心之自覺活動，待感覺經驗之有而後有，只說心受感覺經驗之限制。

愼思：你怎麼能說心在未對某感覺經驗加以自覺時，卽不存在。如果心未對某感覺經驗加以自覺時，卽不存在；我們亦當說你生命在未對某自然之物發生感覺時，卽不存在。你不說你生命在不發生某感覺時卽不存在，何以說你心在對某感覺不加以自覺時卽不存在？

常識：我們身體不感覺此物，卽可感覺彼物，所以生命常存在。然而我們之心，可有對感覺經驗，根本未加以自覺之時。如我們在初感覺一物之一刹那。又如我們在睡眠中，我們身體仍能感覺蚊子之咬，生一自然之反應而打牠。然而我們的心並未嘗加以自覺。因我們此時根本不知我們有感覺，不知有感覺之對象存在。

愼思：你有晚上感覺蚊子之咬，而不加以自覺的時候，你亦有專心思想而不感覺蚊子之咬，不去打蚊子的時候。你說你雖不感覺蚊子之咬不去打牠，但你的生理已有變化，卽身體已有反應，卽你生命已有某種活動。那麼，你怎麼知道，你的心在未有顯明的自覺的時候卽無活動？我們雖說心之本質是自覺力，但我們並不曾說我們之自覺力之活動，一定都會使我們發生明顯的自覺。因爲我們認爲所謂自覺力，卽去自覺，去統一經驗，去貫通經驗，將一經驗內容超越其所在之經驗系統之力。我們可承認有潛伏地（或超越地）活動之自覺力。須知一切去統一一些經驗、去貫通一些經驗，或使一經驗內容超越其原來所在之經驗系統，而隸屬於另一經驗系統之事，都可視作一歷程，卽都有開始與完成。所以其中皆可說有一自覺力潛伏活動之階段。如果我們不承認有此階段，我們便不能了解何以零碎知識的積累到某階段，忽會湧出一高級概念，而以前一直只是零碎知識。我們假如承認了，我們之自覺力有潛伏之活動，那我們就不能說，我們在未對感覺經驗有明顯的自覺時，我們卽無自覺力之活動。我們反而可以說，卽在初感覺的一刹那，我們亦有潛伏的自覺力之活動。因爲在第一刹那中，若絕對無自覺力之活動，則第二刹那來時，仍同於這第一刹那。我們將永不會有自覺我們感覺之時。我們與其因爲我們莫有明顯的自覺力，而斷定我們在第一刹那之感覺中，心之自覺力全不活動；不如說我們的自覺力，有其潛伏的活動，自始在不斷的統一諸刹那之感覺經驗。待諸相同之感覺經驗之統一的積累至一程度，可與其背景相對較(Contrast)，而見與其背景不同時，便自其背景之其他經驗中挺拔出來，入於明顯的自覺中，成對感覺經驗之自覺。因我們可以潛伏的活動之未能完成，說明何以有「無明顯自覺之時」；以其完成，說明有明顯的自覺之時。若我們說在第一刹那之感覺中，自覺力全不活動，則我們絕對無法說明此感覺何以會忽然爲我們所自覺。

第二節　辨心理活動超生理活動

常識：我們現在卽承認心之潛伏的自覺力之活動，遍於我們感覺生理活動之全部；又承認判斷推理之對象在感覺經驗以外；我們仍可就一義說心受限制。因爲縱然心之潛伏的自覺力之活動，遍於感覺生理活動之全部；但他總須有感覺生理活動相伴。判斷推理之對象，雖在感覺外，但總有判斷推理之神經活動相伴。我們不說心理片面的受生理之限制，但我們可以說，心理與生理互相限制。這卽我們前說的第一層，心理與生理互相並行，誰也不能超越誰的話。（不過那時是就人求眞善美之心理活動與生理活動相伴而說。）如果心理與生理互相限制，互相並行，誰也不能超越誰，我們亦將不能看出誰是主宰。

愼思：生理心理互相並行互相限制，自一義說是可以的。然而自另一義說，心理卻是超越生理而主宰生理的。儘管在實際上，凡是有心理活動發現之處，必同時可發現其相伴應之生理活動，這是使生理心理學成爲可能。然而心理仍爲超越生理。第一，每一心理活動，雖可發現其相應之生理活動，但均是自心理活動之完成處看。若眞自心理活動本身看，則心理活動本身，在實際上，乃全無外表之朕兆可見者。第二，心理活動是包含生理活動之更廣大之活動。其所以廣大，由於其所含之另一進向。我們先說第一層意思。我們說心理活動之基礎，是心之自覺力。而心之自覺力之本質，我們最後說是使已有經驗內容，超越其原所在之經驗系統，由是而創生新經驗。所以我們亦可以說，自覺力之活動非他，實際上，只是一經驗內容向上以超越其自身之所在經驗系統之趨向。此向上趨向，根本上只爲一意味，或只表現一理，當此趨向未落實而完成一新經驗時，只爲一純粹之動。所以根本無外表之朕兆可見。凡有外表之朕兆可見者，皆已完成者，而非此純粹之動。因爲一切可見者，均只見之於一指定之經驗系統中。而此純粹之動，則根本不隸屬於任何指定之經驗系統。但我們必需承認有此「不可見之純粹之動」；因若無此動，則無所謂經驗內容之超越，無所謂舊經驗之相滲貫，以產生新經驗之事。在此由舊經驗到新經驗之歷程間，必需有此「動」以爲媒介。此「動」自身，可不能隸屬於新舊二經驗系統之何者，而在新舊二經驗系統中均無從發現。所以眞正的心之自覺力，乃聯繫貫通我們之經驗，而又超越於我們之任何指定經驗之上者。這是我們不能單獨自覺「我們心之自覺力」之根本原因。譬如我們卽以自覺力之表現於我們之記憶來說，我們之自覺力，使我們去回想：由過去經驗，所得之事物印象之內容，而于現在重現此事物印象內容。此中我們覺其存在者，似只一過去之印象與現在重現其內容所成之新印象，然中間聯貫此二印象之自覺力，使「過去經驗印象內容，超越其所在之經驗系統而重現之於現在，成現在之新印象」之自覺力，則吾人正去記憶時，並不覺其存在。過去之印象在過去時，重現而成之新印象在現在時。而此自覺力之活動，則兩俱不在，但爲其間之超越的聯繫者貫通者。故我們要發現與記憶活動相伴之生理活動，我們只能發現：記憶完成時，重現過去印象內容而生一新印象時，與新印象之發生相伴之生理活動。但此卻決非眞正與記憶活動本身相伴之生理活動。記憶活動之本身之作用，在聯繫貫通過去與現在。此聯繫貫通之作用，根本無與之相應之生理活動可發現。猶如過去與現在之時間之本身，原無與之相應之生理活動。我們可說生理活動經過時間之過去與現在，然不能有一生理活動與時間之過去現在本身相應，好像生理活動之與物質刺激相應一般。記憶活動本身在聯繫過去與現在，所以亦不能有與之相應之生理活動。同樣，心之自覺力表現於去判斷推理，以求知一對象時；我們判斷推理之活動，本身亦只是一純粹的動。此純粹的動，則不特超越我們用以判斷推理之諸經驗內容最初呈現之過去時間，而將他們供我現在之用，以聯繫於現在；而且我們是將他們之意義引伸出我的範圍以外，到一客觀之對象，而聯貫於一客觀之對象。此時心之自覺力之活動，所表現聯貫作用更廣大，既聯貫過去與現在，復聯貫所謂主觀與客觀。此聯貫作用之本身更不能有其相應之生理活動。我們仍只能在判斷推理完成時，在我們生理上發現某一種變化。此外想像意志同情等各種心理活動，我們加以分析，我們都發現他們之本質，只好似凌空在上的聯貫作用。即都不能眞發現與他們自身相伴相應之生理活動。所謂凡一心理活動，都有其相伴相應之生理活動，可發現者，都不過自一心理活動之已成方面看所發現的。生理心理學賴此成爲可能。然而看心理活動之本身，則不當只看已成的方面。所以我們說心理活動有超越生理活動之性。

常識：那麼請你再說你的第二層意思。

愼思：第二層意思與第一層相連。在第一層意思中，我們說心理活動本身，乃聯貫過去與現在、主觀與客觀者……這卽是說心理活動，乃在我們生命歷史之流上面，作橫的活動；在已有生命歷史與外界客觀對象之交相反應之歷程間，作橫的活動。假如這意思不易明白，我們可以圖表示：

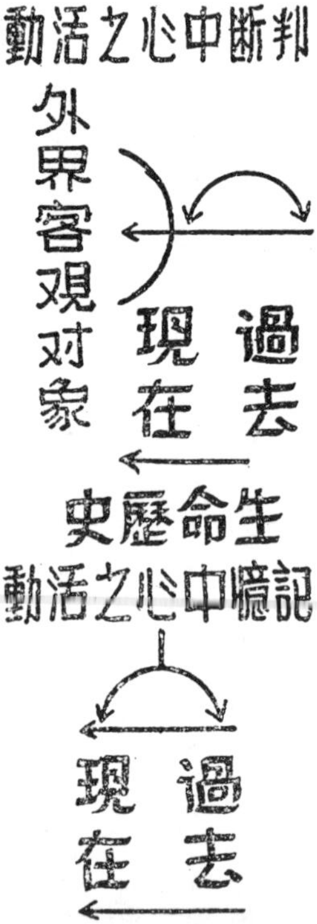

你假如能自己用思想，此外一切想像意志同情等都可以想出圖形表示，不過我們用不着一一繪出。

常識：但是你這圖並不能表示出心之活動與生命的活動不同之處。如果心之作用卽在如是如是之聯貫，則等於說心在記憶所表現之活動，在貫通時間。這與你前說生命之活動有何不同？你說心在判斷中表現之活動，在貫通我們之生命歷史與客觀對象，亦與你前說「生命之活動遍於身體與環境間」有相似之處。究竟心之活動與生命活動有何不同？如何可說心之活動超越於你生命活動，而爲包含另一進向之活動？

愼思：心在記憶中表現之活動，誠然含有貫通時間之意義。但是其貫通時間，與純粹生命活動之貫通時間不同。純粹生物的生命活動之貫通時間，只是爲保存其過去現在之身體而存在於後來，保留過去現在習慣本能於後來，使其生理之活動隨時間之拓展而拓展等。所以純粹生命活動之貫通時間，只是繼續過去於現在。其過去之意義只在現在。其貫通時間之性質，在生物本身並不覺得。只是我們從外面看出其貫通時間之性質。然而心在記憶中之貫通時間，則心是自覺其貫通時間。心所記憶者爲過去之事。然心記憶過去之事時，並不以過去之事在現在，而仍知過去在過去。所以在記憶中，心是自覺時間之間隔，而又貫通之。所以純粹生物之生命歷史，對於生物之現在生活只是一背景，而有其意義於現在生活。此背景本身，則並非此現在生活所能包攝。在心之自覺的記憶中，則過去之生命歷史，爲現在之記憶之心所包攝。至於心在判斷推理中對於客觀對象之關係，亦與生物對環境反應時，生命與環境之關係不同。誠然生物在對環境反應時，其過去之生命歷史中之各種已成之反應方式，均集中於環境之刺激前，自動的互相滲融，互相修改，以求一新的適當之反應方式。此與我們判斷一對象，運用舊有印象或其他已有知識，去求一新的適合判斷，似頗有相同處。然而在生物對環境之刺激，求適當之反應。環境與生物交相反應時，生物但覺環境與生命有不可分之緊接關係。在判斷中，則一方雖覺判斷之對象與我們心之聯繫而不可分，然而我們卻同時明白的承認我們所判斷者，是在我主觀的心外。所以當生物對環境反應時，只有其主觀與客觀之統一。而在我們作判斷時，則一方有客觀主觀之統一，一方有客觀主觀之對待。我們是在主觀與客觀之對待上，統一主觀與客觀。所以在生物反應環境時，其生命力只流通於其身體與環境之間。在心作判斷時，則心在主觀客觀之對待上，統一主觀與客觀；卽無異將主觀客觀一併統攝於下，而將外在之客觀對象，與用以判斷之經驗內容，一併加以統攝。上圖所表示是生命活動只有←生命歷史一進向，而心之活動則是有一↲進向，↑進向是超越←進向，而包括此進向者。所以我們說心能爲生命之主宰，心理能主宰生理。

第三節　辨心不爲其對象所限制、及主觀與客觀之不離

常識：我現在卽承認你所謂心理超生理主宰生理之說，你仍不能說心之活動不受限制。因你在求正確記憶時，你的對象只在過去之某事。過去之某事，乃一特定之對象；在下判斷時；你的對象亦是一特定之判斷對象；不然則記憶判斷不可能。你的心之活動，必須以一特定之對象爲目的，這不證明你心之活動必須爲一特定對象所限制嗎？你心之主宰的力量，仍不能沒有缺憾。因爲你的心之活動必賴有對象而後成立，卽心對對象有所需求，心便非能自由自主不受限制者。

愼思：但是我們可以說當心求正確記憶一過去事物、判斷一事物爲目的時，並不是心爲此事物所限制

之表示。而是心要了解事物，以實現眞理之價値。記憶所實現之眞理價値，誠與判斷不同。然記憶求正確又自覺其求正確，則同於判斷。心爲實現眞理之價値而了解事物，我們可以說心此時之內在目的，並不在事物本身，所以心又不受事物之對象之限制。心了解一事物後，又可了解其他事物。心之了解不限於任何事物，所以心不受事物之限制。心之了解，周流于所了解事物間，你如何能說心爲其所了解事物之限制？心了解事物，包含內在的求眞理之目的，包含「超越所了解事物之範圍」之性質。心之範圍，較所了解之事物廣大。你如何可說心受其所了解事物之限制？

常識：心之了解活動，總必待對象而後成立。心必需對象，便非能自主自由，不受限制。

愼思：但是我們可以說：心之必需對象，乃心欲包攝對象於其中，而將對象收入其自身之範圍。因爲心在了解一切對象時，此對象之內容卽成爲心之內容而屬於心了。

常識：你前不是說記憶時所記憶者在過去，判斷事物時之對象在外嗎？

愼思：但是我們亦說我們記憶判斷時，我們心之活動是達到了我們之對象的。在記憶是正確時，我們過去之所經驗之事物內容，爲我們現在之心所包攝；在判斷正確時，客觀之事物之內容爲我們之主觀之心所包攝。

常識：我不相信你所謂包攝，眞是包攝於你心內。若果如此，你便不當同時又承認現在過去之對待，主觀客觀之對待。

愼思：我們現在仍然承認在記憶中過去現在之對待，在判斷中主觀客觀之對待。但是我們同時要說明在記憶正確時，我們同時是將過去包攝於我現在心內；判斷正確時，我們是將客觀包攝於主觀。

常識：我想記憶之正確，不過我們去回想過去事物，而認取過去事物之內容，以此內容爲現在心之內容，又知現在心之內容即過去心之內容。判斷之正確，不過了解我們用以判斷之內容與客觀之事物之內容合一。我不相信我們的心眞能把過去收到現在，把客觀收到主觀。

愼思：我們現在討論記憶，我們已自覺記憶之求正確，我們此時已視記憶爲判斷。不過是關於我們自己的判斷而已。我們以下便可就判斷上說。你以爲正確判斷，只是我們現在主觀的心的內容，與客觀外界或過去的物事內容相同嗎？那麼客觀或過去的事物，既在你現在主觀的心之外，請問你如何知道你已獲得了眞理，你如何能知道你的主觀與客觀相符？

常識：但是我亦承認我們之心之活動，在判斷時達到客觀事物。

愼思：你承認心之活動在判斷時達到客觀事物，那便亦當承認客觀事物不在你主觀的心以外。因爲你之活動已將主觀客觀聯繫貫通爲一了。你的判斷，若只是如你所謂達到客觀事物，你仍不能知道你的主觀符合於客觀。因爲你始終說客觀在你主觀之外。

常識：如果我們判斷正確時，即將客觀收入主觀、外物收入心內。那麼，我們判斷這是鳥時，我們心中應有一個鳥；判斷這是山時，心中應有一個山，豈不成了笑話。

愼思：這並不成笑話，從一方面亦可說，你判斷這是石時，你心中正有一石；判斷這是山時，心中正有一山。

常識：那不過一石之形式或性質，一山之形式或性質而已。

愼思：但我先問你：除了其一切形式或性質，是否有你所謂事物？你所謂山石，不是包含其各種形式色聲觸等性質而言嗎？你在想這是山是石時，這山石之形式性質入了你的心，不即可自一方說此山石入了你的心嗎？

常識：但是心中的石，不能拿來打人；**心中的山不能長出樹木**。

愼思：當你見一石山而未用來打人時，未長樹木時，你心中之石山，固未曾打人長樹木。當你自覺你之用石來打人時，見山長樹木時，你的心中的此石不亦在打人，心中的此山不亦在長出樹木嗎？

常識：但是心中想一石時，你心中何以不感覺石之重量？你想火時，何以不發熱？

愼思：你心中想石火不感重量不感發熱，只因爲你所想的只是石火之名字或其他的形式性質，你如眞想火之熱，石之重，到最眞切的程度，你便必覺熱，必感重量。你夢中的火石不是使你覺熱覺重嗎？

常識：實際火之熱，石之重不是我心中火之熱，石之重。不過我們心中，亦可有石之重、火之熱。我們心感石之重、火之熱時，只是重複一實際物之形式或性質而已。

愼思：但就熱與重本身來說，你能說屬於外物的與屬於內心的之間有分別嗎？

常識：那我承認並無分別。

愼思：然則你何以不可以說，你感火之熱、石之重時，火之「熱」、石之「重」卽在你心內呢？

常識：但是我們可以承認別有外物之本體，物之性質乃附於其本體。我們之心亦卽別有其本體，我們心中所想之外物之性質，乃附於我們心之本體。心之本體與物之本體互相外在，所以心中之物之性質與外物之性質，各自分別。

愼思：你以爲你心之本體眞是獨立於外物之本體以外的嗎？你以爲你心之本體不曾與外物之本體接觸嗎？如果不曾接觸，你如何會感覺外物之性質？

常識：我們可以說我所知外物之性質亦是主觀的，外物之本體在所謂外物之性質之後。我們能接觸外物之性質，感覺外物之性質，而不能接觸外物之本體。

愼思：假如你把外物之性質除完，所留的外物是什麼？這種與其一切性質斷絕關係之本體，你將憑藉什麼以肯定其存在？而此外物之本體旣絕對在你心外，你如何能斷定其存在？所以你要承認外物之本體，便不能說他離於其性質之外，離我們心之外；你便不能說，我們所了解的外物性質與外物本身之性質是分立；你便不能說，你認識外物之眞正性質時，外物的性質不內在於你的心。你便不能說，你認識外物之眞正性質時，外物只是在你心外。你必當說，你認識外物之眞正性質時，外物卽內在於你的心，而客觀內在於主觀。

常識：但是我還要問你，你是不是說我們認識正確時，外物內在於我們之心，客觀內在於主觀，則此時之外物，卽不再有客觀之存在？

愼思：這又不是。你須知道我們前面的話，只是爲破除你所謂「我們認識外物正確時，外物仍只在心外，主觀仍不能包攝客觀」的偏見。在你此偏見破除之後，我們仍可承認：認識正確時，外物之客觀存在。但你卻永不當忘記，在認識正確時，此客觀之外物之一部內容或性質與其所依之本體，在一意義，同時卽內在我們主觀的心。

常識：但是你的話我仍有懷疑。你說在我們對於外物有正確認識時，關於我們所認識正確之外物之性質，卽內在於我主觀之心，我可承認。因外物之本體與其性質不離，所以，與此部性質不離之外物之本體，亦內在你主觀之心，我們也可承認。但你旣不否認外物之客觀存在，你便當承認你所認識的外物性質，只是全部外物之本體之一部性質。然而全部外物之本體，除此部性質外：尙有無窮之其他性質。所以除與此部性質不離之外物本體之部外，尙有更廣大之外物本體。而此更廣大之外物本體，與你所認識之外物性質不離之外物本體之部，又不相離成一整體。此更廣大之外物本體，旣在你認識之外；全部之外物本體之整體，亦當在你認識之外。你於是根本不能說，在你認識外物性質正確時，外物之本體內在於你主觀的心。

愼思：你可自更廣大之外物在我們認識之外，外物之本體成一整體，於是斷定「與我們認識之外物性質不離」之「外物本體之部」，亦在我們之主觀的心以外。但是我們又何不可以由「與我們認識之外物性質不離」的「外物本體之一部」，內在我們主觀的心，而說其餘更廣大之外物本體，因與此部外物本體不離，而亦內在我們主觀的心？因爲你只從成一整體的觀念來立論，便與量之多少無關。我們兩方的話不是相抵消了嗎？所以我們仍可說，我們認識正確，所認識之客觀之外物一部內容性質與其本體，卽亦內在我主觀之心。

常識：那麼我們就承認你所認識之客觀外物一部內容性質與其本體，可同時內在於你主觀的心。但你不能認識盡一切外界之物。你主觀的心之認識外界，只是逐漸的向外界之物探照，而求多所認識，使客觀外物內在你的主觀。但你總有未認識之外物，卽你的認識便仍是受外物所限制，因爲你覺你未認識的外物在外。

愼思：但是你爲什麼覺得你受外物之限制，覺有外物在外？不是可說是因爲你要攝取外物性質到你主觀的心內嗎？你是要克服外物之外在性，而後感外物之外在性。所以你之感外物之外在性，並非單由外物所賦與，而由你自身所賦與。你之感到限制，乃生於你之想超越你過去知識之限制，而獲得新知識。所以你是由想超越限制而感到限制。你是自願的承受你的限制，你同時自己置定你的限制，你不是單純的被限制。

常識：我們之必須感到如是如是之限制，我們之必須如何如何去認識，乃獲得眞理，而超越限制；則我們便仍是受了「如是如是之限制」之限制。

愼思：但是我們同樣可以說，爲了要有如何如何之知識，得如何如何之眞理，所以我們必須感如是如是之限制。你只自外看，所以總要覺我們是受外界所決定。但是你只自內看，則一切決定都可謂自己決定。

常識：但是又爲什麼心之認識一定要先經一不認識的階段，先覺外物在外面，然後覺外物性質可內在於我們之心；先覺被限制而後克服限制？若根本莫有限制，豈不更好？心不是被「限制」所限制了嗎？

愼思：心之被「限制」所限制，亦其自己所決定，因爲心之活動之本質即超越向上。如果莫有「限制」，即無克服「限制」，亦無超越向上，即無心之活動。所以心要成其爲心之活動，即須有限制。其爲「限制」所限制，仍可謂由其自己所決定。我們可以說心之活動，爲了成其爲心之活動，而肯定限制，克服限制。在心之求認識外界事物，對外界事物下判斷時，可如此說。在心求認識我們自己，對我們自己下判斷時，亦可如是說。以至對一切眞正的記憶活動，推理的活動，想像的活動，意志的活動，亦都可如此說。因爲一切的心理活動，都在克服「限制」，而其所克服之「限制」都是我們所承受，即都可說我們吾人先所置定，以使我們之克服限制的心理活動成可能者。我們不必一一加以解釋，你可自己去反省。

常識：我們的討論過於複雜，我自己也弄不清楚我的問題之發展，希望你把我們的討論加以總括，而提出你的結論。

愼思：我們的討論，最初是說明心之存在，即自覺之存在。其次是說明一切心理活動都原於我們之自覺。第三你根本懷疑到我們心理活動之獨立存在。於是我們論到心理活動非生物之求自利的本能可以解釋。第四你提出心理活動被限於感覺經驗的問題，於是我們指出心之判斷推理之超感覺經驗。你又提到心之活動，與生理活動感覺經驗之範圍廣狹的問題，於是我們論到心潛伏自覺力之存在，指出人有感覺經驗之處，皆可有心理活動。我們論到此，我們都是不外把心理活動提出來與生理活動感覺經驗並列。於是第五我們論到心理活動超越生理活動。心理活動有其本身之進向，其本身之進向乃一更高之進向，包括純粹之生命活動者。第六，你問到心之記憶判斷時，心是否爲其對象所限，於是我們論到認識正確時，我們之心即包攝外界事物，外界事物即內在於我們主觀之心。最後我們說明心之受限制，皆可說爲其自身所肯定。心之活動爲成其爲心之活動，故不能不有限制，所以限制即非限制。我們所嚮往歸到的結論是：心是眞實存在，是我們生活之中心，能主宰我們全部生命之活動，是不受任何絕對外在的勢力之限制。心是自己決定他自己的我們之生活中心，能主宰我們全部生命活動的。我們前章已說明生命活動遍於全宇宙。所以心即我們之宇宙之中心，心亦主宰我們之宇宙。你把我們的話全部融貫時，將了解此意。

第六章 辨心之求眞理（上）

第一節 辨心之律則之永恒性

常識：你上次的談話我已細細想過，我現在很願承認心能主宰生命活動的話；我也很相信心所感之限制，同時卽其自身所肯定。因爲心要活動，成其爲心之活動，表現其貫通統一、聯繫超越向上之力，便必須有限制。我了解了要有限制，而後有限制之克服。這一切我都承認。但是心旣然要克服限制，限制之存在總使心不安。心眞完成其爲心之活動，必須求歸到不覺限制。心要實現其爲生活中心，主宰生命活動，爲宇宙中心，主宰宇宙之任務，必須歸到不覺限制。但這是否眞可能？卽心之繼續不斷的超越限制，是否眞可能？心之繼續不斷的去貫通、統一聯繫，使生命活動實際上全爲心之活動所主宰，是否眞可能？又如何是可能？你上次只是指明心有超越限制，貫通統一聯繫之能力，而未指明此能力能繼續不斷的運用，能達到破除一切限制之境。譬如以了解事物來說時，你上章明承認，了解自己，了解外物，可有錯誤，承認人有不了解之外物或自己之一些方面；而且你也承認，人類之生物性的自利本能，可影響人類求眞善美之活動。這都是你所謂眞正的心之活動之限制。這些限制，你如何能證明他們必有繼續不斷的被破除之可能？如果心之活動，不能繼續去破除限制，那麼我們雖然可以承認心之限制，爲其自身所置定；但心若置定限制而不能克服他，那我們便當說心爲其自己所置定之限制所限制。

愼思：你是否承認心之活動，實際上曾克服他的限制？

常識：這我承認。但心實際上所曾克服的限制，只是他所曾克服的限制。心之活動，是否將如過去一樣克服其限制，我們不能證明。

愼思：我們爲什麼不可由過去推未來？過去是如此，未來何以不可如此？我們的推理，不都是由過去如何推未來如何嗎？

常識：我現可以不相信自然齊一律，我可取徹底的懷疑主義。我不相信明天氫二氧一是否可合成水，因爲過去如此，只是過去如此，未來總是未來。

愼思：你的意思是不是說：時間有一種改變事物狀態的力量呢？

常識：事物之狀態在時間中改變，所以我們可以說時間有改變事物狀態之力。因而亦可有改變事物律則之力量。

愼思：但是我請問，時間是什麼東西？他改變事物之狀態的力量，自何發出？你實際上只見事物之自己改變，你何曾見時間改變事物之狀態？你實際上只是由事物狀態之如何改變中，認識時間之改變；你何曾眞能自時間之改變，判斷事物狀態之必如何改變？你至多也只能說時間滲貫於事物狀態中，他們同時改變。你怎麼說時間本身獨有改變事物狀態之力量？又怎能說他能改變事物所遵循之律則？

常識：事物本身前後狀態，總是不同而有改變的。時間滲貫於事物中，我們也可說時間改變事物狀態。

愼思：但事物由前後狀態之改變而不同，卽遵循一定之律則。遵循律則而後有改變，所以事物之改變非改變其律則。事物遵循律則而後有改變。事物改變，乃見時間之改變。如何可說時間能改變事物之律則？

常識：但是我們可以說事物本身能自改變其律則。所以心之活動亦可自己改變其律則，而不復如過去之超越其限制，不復能有如過去之活動，不復能如過去之超越限制。

愼思：你可曾眞發現事物改變其律則？事物之任一改變，均遵循律則，律則遍於事物之一切改變，事物如何能改變其律則？

常識：我們可以說當事物所遵循的律則，不復是其以前所遵循的律則了，便是他改變其律則。

愼思：那你所謂事物改變其律則，卽等於說事物改變其自身。

常識：卽如此說也未嘗不可。

愼思：如果可如此說，則我們亦可說事物之律則並未改變，只是其自身不復表現原來之律則。原來之律則仍是原來之律則。

常識：我們何不可說原來之律則亦同時改變了。

愼思：如果眞同時改變，那事物在同樣情形下何以又遵循或表現同樣之律則？如果律則本身已被改變了的話。

常識：如果事物之律則無所改變，當亦無所增加。何以事物之變化會表現出新的律則？

愼思：我們何不可說事物表現新的律則，只是其表現是新的；律則無所謂新舊，亦無所謂增加。

常識：何不可說新的律則是事物自身改變時所創造出的？

愼思：律則不能是事物自身改變時所創造出的。因爲必先有如何改變之律則，而後有事物之如何改變。事物之如何改變，本於其有如何改變之可能。其有如何改變之可能，本於其律則。所以我們必先承認有永恒之律則，非事物所創造，而只爲事物所表現。

常識：但事物有不表現某律則時，卽某律則可失去表現之能力。律則雖有而未表現，便與無律則同。心之活動雖有能超越其限制之律則，而此律則可不表現，則亦與無此律則相同。你怎能斷定：心必能繼續活動以超越其限制？

愼思：宇宙間特定之事物律則，可有不表現時，然而事物之普遍律則無不表現時。心之此律則爲普遍之律則。

常識：什麼是普遍之律則？

愼思：如在物質界中，物質在空間中會運動之律則——我不是說如何運動之律則，只是說此運動之爲運動之律則本身——只要有物質處即有此律則之表現。如果你要堅持有不運動之物質，那末我們可以說佔空間之地位即普遍於物質之律則。這是不論物質如何運動變化或不運動變化都表現的律則。又如生物界中求繼續生命活動之律則，亦復如此。因凡有生物處即有繼續生命活動之律則表現。在人心，我們說自覺之超越限制，即人心之普遍律則，凡有人心處即表現此律則。

常識：論到最普遍之律則，我們可以說不過我們抽象所得。我們因爲在實際上發現某類物常常表現有某律則，繼續表現某律則，於是我們說那是將永遠表現之普遍律則。然而我們怎能保證，某類物必永遠表現某普遍律則？怎知將來之物質必仍表現佔空間性？生命必求繼續其生命性活動？心必繼續自覺的超越限制？

愼思：我們此處所謂物質生命等普遍律則，同時含有爲物質生命心等根本性質之意義。我們不能想像他們能不表現這些根本的性質。因爲我們即賴這些根本的性質而了解他們。我們所謂他們之意義之內涵，即是這些根本性質或普遍的律則。假如他們眞可不表現這些普遍的律則。我請問你怎麼知道他們還是他們？怎麼知道是：「他們」自己不表現這些普遍的律則？你怎麼能本此假想而說，他們可不表現此普遍的律則？所以你除非不承認有心，你承認有心時，你便得承認心能自覺的超越限制。你承認有心，而說他會不再自覺的超越限制，你是自相矛盾。你承認有心時，便當承認他會繼續不斷的克服其限制。你不能說心有不去克服限制的時候。

常識：我現在承認心會繼續不斷的克服其限制，心不會在將來忽然不去克服其限制了。但是我的問題，尚有一方面，即我不僅問心是否繼續克服其限制，而且問心能不能繼續克服其限制？

愼思：這問題的兩方面你不能分開。因爲我們已共同承認心所克服之限制，爲其自身所置定，屬於其自身。所以他去克服限制，即有被其克服之限制。因爲去克服，是自能克服方面言。能克服與所克服二者，根本是不離的。你試反省你心之活動，你能發現「你心活動而無被你克服之限制」之時候嗎？所以只要你承認心是繼續不斷的去克服其限制，你便當承認心是能繼續不斷的克服其限制的。

第二節　辨求眞理之心爲一客觀的心

常識：我承認心能克服其限制，但是我以爲心之克服其限制，乃在其諸限制之上活動。如心之記憶判斷推理等活動，所憑藉之材料，都是非心的東西，如「我們之生命經驗、感覺經驗，或外界事物」。心之活動，只是去貫通去聯繫那生命經驗、外界事物等等。誠然，心之活動能支配生命經驗、感覺經驗、外界事物等等。自此義，我們可說心是生命活動之中心主宰，以至說心是宇宙之中心主宰。但我們這樣看心是生命活動或宇宙之中心主宰，猶如我們看一切臣民之行爲，均可受君主之統率，而說君主是國家之中心主宰。我們從另一方面看，必有臣民而後有君主，君主必須有臣民來統治，而後能爲君主。所以君主必須遷就臣民之意志，而後能統治臣民。因而我們自另一義，亦可說國家以臣民爲主。依同理，我們亦可說，心非我們全人格之主。生命經驗、感覺經驗，及吾人所接觸之外界事物，乃我們全人格之主。

愼思：如果我們的討論只止於前章，你可以如此說。因我們前章的討論，只論到心之自覺力能支配生命經驗感覺經驗等。我們只曾論到，心之自覺力如何表現其力量。我們不曾論到，「我們心之自覺力之表現其力量」本身可爲我們所自覺，我們可自覺的求「我們心之表現其自覺力」。或我們可以自覺的，「施用我們之自覺力」。我們是可以自覺的施用「我們之自覺力」的。譬如我們在憑藉記憶判斷之活動，以求了解尙未了解之外物或自己，而期必達到獲得眞理之目的時，我們卽是：自覺的施用我們之自覺力。我們通常施用我們之自覺力，可以是不自覺的，所以可達不到其目的。因此人通常的記憶判斷，可眞可錯。但是我們在自覺的施用我們之自覺力時，則必求達到此目的，只可歸於眞不可歸於錯。我們是有意的要排斥錯誤以把握眞理。我們說在我們自然施用我們之自覺力時，自覺力與其餘生命經驗、感覺經驗、外界事物的關係，可正如你所說君主臣民的關係。君主有時須遷就臣民，自覺力須遷就其他生命經驗等。但當我們自覺的施用我們之自覺力時，則此君主成為有絕對權力的君主。一切臣民都願服從其意志，以他的意志為意志。因為這君主本身，即是眞能代表全民一切意志之君主。他的意志是已經先通過全民意志的，所以他能使全民服從。他不感到有遷就外於他的意志之必要。這卽比方我們自覺的施用我們之自覺力時，我們是要使一切相關的生命經驗、感覺經驗、客觀外物，都統率於我當前的自覺，都為我之自覺所通過。所以這時我的心之為我全生命活動之中心，不只是一抽象的中心，而是反透至其邊沿，將其邊沿攝入中心之具體中心；不是一相對動的中心，而是一絕對動的中心。

常識：我不能清楚的了解，你所謂自覺的施用自覺力之意義。你怎能說，在我憑藉記憶判斷等活動，以了解尚未了解之事物，期於得眞理時，便是自覺的施用自覺力，與一般之記憶判斷不同？

愼思：我們現在為使問題簡單計，我們現在姑就我們對於外物之判斷來說，暫不說對於我自己之判斷，或其他之判斷。我先問你什麼是眞理？眞理存在於什麼地方？

常識：你前說當我們判斷外物眞時，則將外物的內容或性質攝入我們主觀的心。那麼我們就可說我們的心把握着外物內容或性質，卽是得了眞理。眞理卽在我們主觀的心內。

愼思：我們以前只說，當你判斷外物而獲得眞理時，則你主觀的心，必把握着外物之性質（包含關係狀態）。但我們未說「你主觀的心把握着外物之性質本身」一語之意義，卽得關於外物之眞理之意義。如果只主觀的心把握着有外物之性質本身，卽得關於外物之眞理，我們便無對外物錯誤之判斷。因爲在我們對外物下一錯誤判斷時，我們心中所用以判斷之內容，仍然可不外是一些其他事物之內容之性質。

常識：但是那不是我們判斷時的心，所判斷對象之物的性質。我們前說當我們對外物判斷正確時，我們主觀的心之內容所含外物之性質，卽外物本身之性質。我們現在遂可說，必需一些物之性質內屬於心，外屬於所對之物時，我們才獲得關於外物之眞理。

愼思：但是你仍不能說，只是一些物之性質內屬於心、外屬於心所對之物，你便算獲得關於外物之眞理。因爲在你單純的感覺中，所有一些關於外物之性質相狀，也許卽你感覺所對之物之性質相狀。如此亦可說此一些性質相狀內屬於心、外屬於物。然而你不說你此時是獲得關於外物之眞理；你並不說單純的感覺中，包含有關於外物之眞理。因爲在你單純的感覺中，你並不自覺你感覺之性質相狀卽外物之性質相狀。

常識：那麼我當說在判斷中，當我們將我們心之內容中，所包含的一些關於外物之性質相狀，向我認爲客觀所對的外物湊泊上去。後來再發現外物有此相狀，或表現此性質時，我們遂覺到主觀的心所想之性質相狀，與外物之性質相狀相通。由此相通，我們覺爲我們心之內容之性質相狀，與外物之內容之性質相狀，都好似超越其原來之所在，而互在對方中發現其自己。於是我們不能再分名之爲心之內容或外物之內容，而名之爲眞理，爲我們所獲得之關於外物之眞理。反之，我們發現我們所想而藉以判斷之一些性質相狀，非此外物所表現之相狀；外物無此性質，我們卽覺我們有錯誤。

愼思：你的話是對了。但你如此說，便不能說此眞理是屬於你主觀的心。因爲你在得此眞理之前，是先覺心物之對待，而後覺心物內容之合一。你是在由心物之對待到心物內容之合一的歷程間，發現此眞理。此眞理的發現，是你主觀的心與客觀的物之內容之性質相狀，好似互相超越其原來所在後才發現的。你便不能說眞理在你主觀的心內。

常識：但是當由心物之對待，到發現心物內容之合一，獲得眞理之際，此時我們卽忘心物之差別。此眞理之獲得，乃在我們忘心物之差別時，這是你所承認的。而我們在此時反省我們之獲得眞理，乃我們之努力所致。我們爲什麼不可說眞理在我們主觀的心內。

愼思：你之獲得此眞理，必在你忘心物之差別時。你獲得此眞理後，可由反省而發現你獲得此眞理由你之努力，是不錯的。但是你當注意：你已獲得此眞理後，把此眞理當作眞理時，你卻須重新在一方面，想到心物之差別，不能只想到心物內容之合　。你在答覆人問你「何以知道你所獲得的眞理是眞理時？」你仍只能說因爲事實上是如此，外物或客觀對象本身有如此之內容。假如你以爲此眞理之眞理性，只在主觀的心中，你便不當如此答覆別人。你如此答覆別人，卽證明你把此眞理當作眞理時、你了解此眞理之意義時、你並不以此眞理之眞理性，只繫於你主觀的心，而同時以為繫於客觀對象或外物。你不當只說此眞理之眞理性，實現在你主觀努力中；你當說此眞理的眞理性，實現在「你主觀的心與客觀對象外物之表現具內容之合一，而泯除其差別之歷程中」；在此歷程完成後，此眞理之眞理性，仍被我們承認為繫於主觀的心與客觀對象外物的對待間，而不只在我們主觀的心中。

第三節　辨自覺的運用自覺力之意義

常識：我不知道你說：此眞理之眞理性，繫於「主觀的心與客觀的物之合一而又對待之間」，與你要說明的「期必在得眞理的判斷，是心之自覺的施用其自覺力」，有何關係？

愼思：你承認了此眞理之眞理性在主觀心與客觀物之對待間，那你便當承認：「當我們期必在得此眞理或目的在得眞理時」，我們求眞理之心之活動，亦在此上所謂「主觀的心與客觀的物之間」。目的在得此眞理的心，是「超越此上所謂主觀的心」之心，而「力求此所謂主觀的心與客觀的物相合」之心，亦卽支配此主觀的心之心。此主觀的心之活動是自覺力之活動，則此支配此主觀的心之活動，卽是自覺的施用自覺力之活動。

常識：我不能懂你如此抽象的話。

愼思：我們可以加以解釋：我們說目的必在得眞理之心，卽對於反乎此眞理之錯誤必加以排除之心。

所謂對於反乎此眞理之錯誤必加以排除者，卽當我們發現我們心之內容與外物之內容不一致時，卽將此內容否定而另代以內容，到求得適合所對外物之「心的內容」，發現眞正之眞理爲止。目的在必得此眞理之心，卽支配心之內容當如何之心、自覺的要求心之內容之如何的心。所以目的在眞理之心、去支配心之內容當如何之心，卽自覺的施用其自覺力之心。

常識：但是我尙不能懂你所謂自覺的施用自覺力之心，如何能將我們相關的生命經驗、感覺經驗、客觀外物，都統率於我們之自覺力之下，而爲我們之自覺力所通過。

愼思：我們今仍就你對外物下判斷，而目的在必得眞理之心之例來說。你只要能完全明瞭我們以前所講，你當不難看出你對外物下判斷而目的在必得眞理時，你是將你的生命經驗、感覺經驗、客觀外物，都統率於你自覺力之下，爲你自覺力所通過。譬如你夜間行於田間，遠見黑影，你想知他究竟是什麼。這時此黑影所表示之客觀外物之本身是什麼，雖未爲你所了解，其內容如何未爲你所自覺；但是你期必了解他時，則你必使他的內容，爲你自覺而後已。你不是想以你之自覺力去通過他，把他視作你施用自覺力之對象，而統率他於你自覺力之下嗎？但所謂你要自覺他之內容，卽是你要你心之內容與他之內容相合，而發現其間貫通之理。但你要發現你心之內容與他之內容相合，發現其間貫通之理，你必一方向他看，一方面假想他是什麼。你一方向他看，卽是從他得許多感覺經驗。你假想他是什麼，卽是想用你過去之生命經驗內容，來解釋他。（此所謂生命經驗內容，包括：過去之感覺經驗、「感覺經驗之聯繫」之經驗、原所具有之已知爲眞之判斷——卽知識，及其他生命中之經驗等。）你在求解釋他之歷程中，你是讓你的假想，領導着你相關的過去之生命經驗，與你當前所得之感覺經驗，繼續不斷的互相滲透、融合，而排除其相矛盾衝突之處，卽避免錯誤，以求得和諧一致；使你心之內容與對象外物內容合一而互相貫通，以獲得眞理。譬如你最初假想他是牛；而你與他漸近時，你感覺經驗中，發現他是一細長之物；於是你將牛之假想排除。你其次想他是樹；你又想到在你生命經驗中，你最近走過此路時，此處並無樹。於是你又假想他是人；但你作此假想時，同時想到人必能言語，只有人能言語，這是你認爲眞之一判斷，亦卽你所有之知識。又人被呼喚時，通常必言語，被呼喚而言語者，必爲人。這亦是你之知識。於是你想到假如他是人，我喊他他可言語。若他言語，必是人；若他不言語，便多半不是人。這是二假言判斷。這二假言判斷同時可成立。這二假言判斷之可同時成立，本於他是人或不是人之選言判斷之先成立。你不安於此未決定對象內容之選言判斷，而要求一決定。卽你要超越你作假言判斷選言判斷的心，而求得對他的定言判斷。於是你要求他之言語或不言語之事實之呈現，來決定你選言判斷中是人或不是人二項孰眞，以求去掉此二可能之一。你於是用你的喉管呼喚。這呼喚之生理活動亦是你由小孩學習而成。你能呼喚，乃本於你過去之生命經驗。你發聲後，他果然回答你以言語。此言語之聲音，是你之新感覺經驗。此新感覺經驗排斥不言語之可能，成立言語之可能，與你假想他是人時所認為有的一致。同時你即發現你最初所想之「言語之可能」，原是一「主觀之心之內容」者，現若超越你的心，而至客觀之對象，而客觀之對象的內容，亦超越對象而至你之心。你發現了主觀的心與客觀的對象內容之互相超越而顯其合一，你獲得了眞理。他更近時，你看見他的面目又是一感覺經驗。此感覺經驗所供給你關於他之內容，與你想到他是人之「一潛意識中希望他有之內容」又一致。於是你之假想更證實，此眞理之眞理性更確定，因你又發現他之內容與你心所想到的他之內容之合一了。可見你在期必得眞理時，相關之當前之感覺經驗與你過去之生命經驗，都為你所運用，成為使你對外物之內容有所了解之工具。當你在眞求了解外物之眞理時，你不是將你的感覺經驗、生命經驗、外物都統率於你自覺力之下，而使之為你自覺力所通過嗎？

所以我們說目的在得眞理之心，不是普通所謂主觀的心而是主觀的心以上之客觀的心。因為目的在必得眞理之心，其唯一之目的只在得眞理。譬如以上所謂目的在求得關於外物之眞理之心來說，他為了避免錯誤求得眞理，他常常須否定他自己的心中與外物不相合之內容，而盡量去自覺求得一與外物相合之內容。他是自己超越、自己建設的心。他之自己建設自己，是要求得一在他現在主觀的心以外之眞理。在他自己建設的歷程中，他明知那獲得眞理之心、「具備與外物相同之內容之心」尚未產生，然而他要建設那獲得眞理之心。所以他與自然得那眞理之心不同。

他是「誕育或開啟，呈現那得客觀眞理之心」的心，所以我們說他是客觀的心。

第四節　辨自覺的運用自覺力之心卽宇宙之中心

常識：你說期必在求得眞理的心是客觀的心，與自然判斷而得眞理之心不同。因爲後者在錯誤後，不一定繼續去求眞理。如我們上述見黑影之例，我們初想他是牛，後想他不是牛。我們這時只知他不是牛。若我們不期必在知他是什麼，則另一事可來打斷我之念頭，我們可不再求知他是什麼。我們期必知他是什麼，則我們的心全集中於知他是什麼，他事不會把我之念頭打斷。你分別這兩種心，我可承認是有某一種意義的。但是就此例來說，你期必在了解該黑影，得關於黑影的眞理時；你所用以解釋他之生命經驗，只是與此黑影相關的生命經驗，其數量是極有限的。此黑影所能與你之感覺經驗，亦是極有限的。此黑影本身所代表之物，亦只是宇宙一物。如果你說在你求眞理時，只這一切在你自覺力統率之下求互相貫通，以歸於一和諧一致的結論、只這一切爲你自覺力所通過，你自覺力所統率所通過之範圍，仍是太狹小了。你之此種自覺力，怎麼能說是你全生命經驗之中心、全生命活動之中心、全宇宙之中心？而此中心又是「反透至其邊沿，而將邊沿攝入中心」之具體的中心，不止於是一「相對動的中心」，而是一「絕對動的中心」呢？

愼思：我們之舉此例，只是與你「期必在求得眞理之心之活動」之一最簡單的例，使你容易明白：我們之自覺的運用自覺力，是怎樣一回事。實際上你之自覺的運用自覺力，包括你其他許多活動，如期必在得美得善等之活動。而且他們是比求眞理更高之活動。即你期必在求得眞理之心之活動，亦是包含非常廣大範圍之活動。假如你只自此例來看你求眞理之心之活動，你當然不能了解你之此種自覺力，是你全生命活動之中心、全宇宙之中心、不能信此中心又是將其邊沿攝入中心之一絕對動的中心。但是你當知道，你眞對於眞理發生興趣，而肯定你求眞理之活動本身時，你實際上決不僅求知一外物之眞理。你必對於各種實際外物，都欲知其是什麼。這時，你即須在求知各種外物之歷程中，運用你之各種生命經驗去解釋外物，並要求各種豐富之感覺經驗，以證實你之解釋。你對於實際外物求了解之要求，可說是無窮的。則這時你一切生命經驗，都有爲你求眞理的心用得着的時候。一切感覺經驗、一切外物，都可與你一切生命經驗，同受你求眞理的心所統率或所通過。而且你求眞理興趣，尙不止於了解外物。你常憑記憶來了解你自己之事（此時之去記憶之活動，同時是包含判斷之活動）。你在求記憶你過去之事時，你也可先記憶不起。你可說對你自己之此事不了解。你以了解你此事爲目的，即你之目的在得關於你自己之眞理。你這時不是有一客觀的外物，與你現在主觀的心相對；而是一客觀的你自己之事，與你現在主觀的心相對。自記憶不清楚、不了解自己此事，到記憶清楚了解自己此事的歷程中，你仍可有許多假想。這假想之根據，可以是當前之感覺經驗所引起之聯想，即你在另一時之生命經驗。這假想亦可與你過去之事有相合處、有不相合處。你亦即須排除其不相合處，而逐漸修正你之假想。卽你亦須要去繼續的排除錯誤，以求得眞理。而你求得眞理時，必是你直感「現在你主觀的心之內容」與「你過去之事之內容」合一時。這一切都與你之了解外物之眞理有相同之處。所唯一不同之處，只是你求了解你自己之事時，你求眞理的心，活動於你過去之自己與你現在主觀的心之間。此便略不同於你求外物之眞理的心，那樣活動於外物及你現在主觀的心間，將外物與我們感覺經驗，及我們過去之生命經驗，三者貫通，以求和諧一致。此時，你只是將自己之生命經驗、感覺經驗、自相貫通，以求和諧一致。在求了解外物時，此貫通之努力，其方向是向外的。其貫通之交點，在外物與我們生命接觸所生之感覺經驗。在求了解自己時，此貫通之努力則是向內的。其貫通之交點，在我們生命自身。前一種求眞理之客觀的心，似在外物與生命間，作他貫通工作之根本立脚點。後一種求眞理的心，則在我生命自身之今昔間，作他貫通工作之立脚點。這是我們求眞理的客觀的心之又一種活動，表示我們求眞理的客觀的心之又一種活動之範圍。

常識：假如求眞理的客觀的心之活動，只是了解外物或自己過去之事，則他的範圍仍然有限，不能稱為全生命活動之中心，全宇宙之中心。因為他之如是了解外物，他是以來刺激他之外物所與他之感覺經驗，為最後歸宿點。他之了解他過去之事，是以他過去所曾經驗之事為最後歸宿點。他不能越此範圍。

愼思：但是你要注意，我們之判斷並不只去判斷「我們所感覺之某可完全以直接經驗證實之物」是什麼，我們曾經驗之事是怎樣。我們又可以對我們自己永不能完全以直接經驗證實之星球內部之構造下判斷。我們可以對我們永不能感覺之原子電子之構造下判斷。我們可以對我們下意識中潛伏慾望潛伏性格之構造下判斷。當我們判斷所謂在經驗中之某物是什麼時，我們可只以某一些感覺中之相狀來界定某物之意義，說能引生某一些感覺經驗的相狀的便是某物。我們只說能引生某一些感覺經驗的相狀的，便可歸到某一類物。至於某一類物之內部之構造如何，並非我們此時之目的所在。至於我們自覺在對於物之本身之構造下判斷時，則我們並不只是根據某一些感覺經驗之相狀來界定某物；而是去想：某物能引起我如是之感覺經驗之相狀，那末他自身之構造應當如何，不然他便不當引起我之如是之感覺經驗之相狀。譬如我們見星球發生如何之光色，其形狀如何，軌道如何，我們便去想其內部之構造當如何。我們這時不是直接由其有某光色等，便斷定它是何類星球，如我們通常之見某人形能言語者卽歸之於人類，便斷定他是人。我們須要先憑藉我們對其光色形狀軌道等之所知，加以分析，更本之以推理想像，使我們之了解力，如滲貫到星球內部，以了解星球之構造。其光色形狀等之如何，只是一推理想像賴以進行之始點。推理想像領導我們之了解進行，而所要達到者永在光色形狀等經驗以外。推理想像之所得，雖恒須再以感覺經驗來作證實，然而恒不能完全證實。而我們所眞欲了解之對象，則明爲超越感覺經驗之客觀對象。所以我們此種求眞理之心，便非以感覺經驗爲歸宿點，他只是以感覺經驗爲開始點，以感覺經驗助其證實，他活動之所向，則全超越過感覺經驗之範圍了。

同樣，當我們憑藉我們之生命經驗，以推理想像，而求對於我之下意識中之潛伏欲望，潛伏性格，求了解下判斷時；我們求眞理之心，亦以我們由記憶所得之關於我之事，爲開始點，其活動之所向，同樣可超越了我們所實記憶及之範圍之外。

常識：我承認你憑藉你的感覺經驗所及記憶所及而從事推理時，你求眞之心的活動之所向，可及於感覺經驗，記憶範圍以外之外物的構造，或下意識境界。這可使我了解求眞理的心活動範圍之廣大。但是當你以了解外物之構造，下意識境界爲目的時；你所獲得的眞理，仍是隸屬於外物下意識境界之對象。你求眞理的心，向對象投射你推理判斷之活動，仍是爲外物刺激你所生之感覺經驗所導引，爲「你下意識之活動之表現於你意識者」，或你之生命經驗爲你今能記憶及者」所導引。你求眞理的心、作判斷推理之心，是向外指的；你便仍未能證明你求眞理的心爲一自主的心、自己建設其自己的心，爲生命活動之中心、宇宙之中心，且此中心是「能將其邊沿攝入中心」之絕對動的中心。

愼思：但是你要知道我們求眞理的最後目的，尙不只是了解各種實際上的內心或外界對象之理。心由了解事物之理，知一切事物皆有理。一切事物之所以爲一切事物，唯在其理。物質之爲物質，生命之爲生命，皆唯在其理。物質之在空間運動，有運動之律則。所謂生物之潛伏的發育之形式，亦卽其發育之律則。生物要求與環境和諧，表現和諧關係，和諧有和諧之律則。心理活動亦有其律則。一切律則都是理。一切物質生物心理活動種類之不同，各皆有眞理。離理則無事物。凡理爲普遍的。心遂以求了解各種普遍之理本身爲目的，並努力將各種普遍之理逐漸歸約以求更普遍之理，將各種普遍之理互相融合和諧，成一絕對之理，而視之卽宇宙之最高眞理或眞實所在。當你目的在求普遍之理時，你求眞理之活動便已不限於其實際上的內外界之對象，而注目在內外之對象所以能存在所根據之理。實際上的內外界對象所以能存在根據之理，是比內外界之對象更永久廣大的。因爲任何實際上內外界之對象，都只是爲其存在所根據之理之一段時間之一種表現。所以當我們以求知各種普遍之理爲目的時、我們以各種普遍之理本身爲對象時，我們的心之活動之範圍，是比實際內外界之對象爲廣大，而且超越實際內外界之對象本身。因爲理之本身是永恒的，並不限於其一段時間之一種表現。我們愈將普遍之理，逐漸歸約成更普遍之理，則我們心之活動之範圍超越於實際存在之對象者愈多，而愈廣大。所以我們在求普遍之理並逐步歸約到更普遍之理時，我們求眞理之心便不復是只向外指的，而似是逐漸向一中心收斂的。在其收斂之歷程中，乃是將我們自實際存在之對象所發現之理，加以貫通補足，以祛除其間之衝突矛盾，直到最後求得一全部和諧之理，卽絕對之理爲止。求得此宇宙和諧之理，絕對之理，卽求得諸眞理之眞理；包攝諸眞理之眞理，乃你求眞理之最後目的。求此全部之理，絕對之理，乃你求眞理的心之最高活動，亦卽通常所謂哲學之活動。

你求眞理的心之最高活動，是將你自實際存在之對象中發現之理，加以貫通補足，以祛除其間可能之矛盾。這卽是把你之向外求眞理的心收轉來，把你在各時候向各種外物求眞理的心收轉來，而使此心所經過的由低至高之諸普遍之理，隸屬於一求絕對眞理之心；同時亦卽將此「用以了解實際存在對象」之感覺經驗，生命經驗等材料，不向外用，而向內用，而隸屬之於一求絕對眞理之心。所以求眞理的心之最高活動，是本於你較低的求眞理之心，以建設一逐漸接近最高的絕對眞理之心。由此你將確知，你求眞理的心，是自己建設自己的心。

第七章　附錄：辨心之求真理（下）

第一節　辨絕對眞理不在心外

常識：上次我們討論到絕對眞理，我認爲我們人類雖可與絕對眞理接近，並不能眞獲得絕對眞理。所以我們並不能眞建設一得絕對眞理之心。

愼思：在實際上我們能不能獲得絕對眞理，那是另一問題。自一義說，我可姑且承認人類不能獲得絕對眞理，只能逐漸接近之。但我們現在所要說的，只是我們之求絕對眞理，是爲的「使我們之心逐漸成一得絕對眞理之心」。你只要承認我們有去求絕對眞理之心，你便得承認我們有「求我們之心漸成爲得絕對眞理之心」的心。你便得承認我們求眞理之心，不只是向外指的，而同時包含有向內收斂的趨向，卽要將用以求一般眞理而爲其邊沿之感覺經驗，生命經驗等材料，以其自身爲中心，而攝入於其自身之趨向。他是要自己建設自己的絕對自主的心。

而且自另一方面說，求絕對眞理的心之不能在實際上成一獲得絕對眞理之心，正是成其爲永遠自己建設的心。因爲他之不能獲得絕對眞理，而只向絕對眞理接近，正所以使他去求眞理之心維持不斷，隨時有比較更高之眞理階段可達到，隨時去建設一獲得較高眞理之心。假如絕對眞理完全爲他所獲得，則他將不能建設一獲得較高之眞理之心。他當不復是自己建設自己的心。因爲他已完成他所需要達到的目的，他不再求超越他過去之所有活動，亦無所謂自主不自主。他已不是自主的心，他亦就不復是我們所謂心，而失去我們所謂心之意義了。唯其是永遠求絕對眞理而永遠不能眞完全獲得絕對眞理，他才成其爲自己建設自己之心，絕對自主的心，而成其爲眞正之心，所以我們說他是絕對動的心。

常識：假如絕對眞理是我們永不能獲得的，那絕對眞理便永在我們求眞理的心之外，我們的心便爲絕對眞理所限制了。

愼思：絕對眞理可以說是我們永不能獲得的，然而卽這樣說，亦不在我們求眞理的心之外。因我們求眞理的心，知以絕對眞理爲依歸，卽我們求眞理的心已達到絕對眞理。

常識：假如我們求眞理的心已達到絕對眞理，那我們何以又不能得完全的絕對眞理。

愼思：我們所謂達到，只是意旨上達到、目的上達到。

常識：據我們普通求關於事物之眞理的經驗，凡是我們目的上達到、意旨上達到，在實際上某情形之下必可達到，今絕對眞理既是我們所永不能在實際上達到的，便不能說我們目的上已達到，意旨上已達到。

愼思：但是我們通常求關於事物之眞理，都是求相對眞理、一定範圍之眞理。而我們今所說者是絕對眞理。你不能用相對眞理來概括絕對眞理。

常識：我可說，我們求絕對眞理時，我們是誤以我們的目的意旨在絕對眞理。其實我們所求的並非絕對眞理，只是我們尚未清楚的在曚矓的意識中的相對眞理。

愼思：但是在你的話裏面，已承認有絕對眞理。因爲你若不承認有絕對眞理，你便不當說人誤以其所求之相對眞理爲絕對眞理。你承認有絕對眞理，即是你已想到絕對眞理，你的心已達到絕對眞理。

常識：在論理上，我很難逃出「我們的心自一意義說已達到絕對眞理」的話。我只得承認在我們求絕對眞理時，在意旨上目的上已達到絕對眞理。那麼我們即應當說絕對眞理在我們求眞理之心內。

愼思：你現在尙不能卽說，絕對眞理只在求眞理之心內。因爲你尙須深切了解：你求絕對眞理之心，只是一絕對動的心，他在永遠自己建設自己之歷程中。他不斷建設他自己以求了解絕對眞理，他不停滯於任一階段之自己；他莫有一定之自己。他永遠發現他所認識之眞理，存於更廣大眞理範圍中，所以他亦不覺他所認識之眞理只存在於他以內。

常識：那麼你求絕對眞理之心，便仍是與絕對眞理自身相對的心。因爲你求絕對眞理的心，雖然不斷的建設他自己，以了解絕對眞理，而實現他的目的；然而他永不能眞實現他的目的。他永不停止的求了解絕對眞理，由一階段至另一階段，卽他永與絕對眞理對待。

愼思：你假若眞知道求了解絕對眞理之心，永不停止於其了解絕對眞理歷程中之任何一階段，你便不能同時說他與絕對眞理對待。因爲他在不斷了解絕對眞理歷程中，卽同時克服此對待。

常識：但是他總有不能克服的對待。

愼思：你說他有不能克服的對待，你只是就某一階段的他來說。你就另一階段的他來說，則你將發現此對待之不存在。你若是把他之活動作一無盡之歷程看，則你不能說他有任何不能克服的對待。你便不能說你求絕對眞理之心，眞與絕對眞理對待。你不能只自一方看。你可以說你不能完全獲得絕對眞理，但你不能說絕對眞理在你心外，與你心眞相對待。

常識：現在我亦可承認我們求絕對眞理的心與絕對眞理不是眞相對待。我可承認我們求絕對眞理的心，在論理上可是一無盡的歷程。所以在理論上，其與絕對眞理間，無任何絕對不能克服的對待。但是你要注意：我們求絕對眞理的心，在論理上雖可是一無盡的歷程，而在實際上決不可能是。因爲根本上，我們生命之年壽是有限的。那麼在超越的形上境界中，我們雖可承認我們求絕對眞理的心與絕對眞理間之對待之泯除，可使我們求絕對眞理的心得着某一意義的滿足。然而因我實際上求絕對的心，不能是一無盡的歷程；則我們實際上，求絕對眞理的心，將永不能滿足。在我們之生命史中，絕對眞理終被關在門外，我們的心仍是被絕對眞理限制住了。

愼思：你現在提出論理上可是一無盡的歷程之求眞理的心，與實際上並不能成無盡的歷程之求眞理的心之分別；說我們仍不免爲絕對眞理所限制，表面是很有理由。但是你要注意，我們所求之絕對眞理亦有這兩種分別。我們以前所論到，亦只是通常所謂論理上之絕對眞理，而不是我們實際上所求的絕對眞理。我們以前說過，我們之求絕對眞理，卽是把我們已知之許多眞理加以貫通，使其互相補足，以袪除其衝突矛盾，而成一全部和諧之理。可見絕對眞理之要求非自外來，而是出自我們已知之許多眞理，需要互相貫通補足，以袪除其衝突矛盾。故我們實際所發生的求絕對眞理要求之滿足，並不在其他，乃卽在：我們知識內部矛盾衝突之融化而成一和諧之全體。所以從實際上說，我們只要能將我們自已知識內部之矛盾衝突融化使之和諧，我們便可謂已求得實際上之絕對眞理。此種實際上之絕對眞理，是我們自己在實際上所必能求得的。因爲一切矛盾衝突，都生於安排佈置失當；而思想上安排佈置之能力，則在我們自身，而不在我們以外。我們之所以覺絕對眞理不能眞獲得，只因爲我們把我們在以後任何時一切可能得的眞理，都算進去。於是我們在論理上，遂先成立一絕對和諧而又包括無窮眞理之全體。此絕對和諧之眞理之求得，遂賴無窮之貫通補足之工夫。於是我們覺絕對眞理爲我們所永不能達到者。然而在實際上，則每得一次新眞理時，我們若感矛盾衝突，則有一次貫通補足之努力，而可有一次絕對眞理之求得。而在論理上我們成立「包括無窮眞理之全體而有內在的和諧之絕對眞理」時，我們同時亦當成立一包含無盡歷程之求絕對眞理的心。這包含無盡歷程之求絕對眞理的心，卽適足以泯除其與此論理上之絕對眞理間之任何對待，如我上面所說。所以你只當在實際上看、求絕對眞理之心，如何求得實際上之絕對眞理；自論理上看，求絕對眞理之心，如何能泯除其與論理上絕對眞理間之對待。你不當在實際上看：我們求眞理之心，如何泯除與論理上絕對眞理之對待。那是你思想上之混淆。你不能如此證明我們求眞理的心，受了絕對眞理之限制。

第二節　辨絕對眞理之相對性與絕對性

常識：你說實際上每一次貫通之努力，都可有一次絕對眞理之獲得，那麼實際上之絕對眞理，便都是相對的絕對眞理，因爲有下一次貫通補足之努力，所獲得之另一絕對眞理，與之相對故。那便不能算絕對眞理。

愼思：你說一次所獲得之絕對眞理，相對於以後獲得之絕對眞理，這是你自下一次獲得之絕對眞理中，看這一次獲得之絕對眞理。你是在論理上，假設下一次之絕對眞理已獲得，而看這一次所獲得之絕對眞理。你已不是自當下這一次我們實際上所獲得之絕對眞理本身，看絕對眞理。你是以相對的眼光看前後之絕對眞理，而不是以絕對的眼光看當下之絕對眞理。

常識：我們爲什麼不可以相對眼光，自以後獲得之絕對眞理，看當下所獲得之絕對眞理？而必自當下之所獲得之絕對眞理本身看絕對眞理？

愼思：因爲絕對眞理之所以成爲絕對眞理，其絕對眞理性便在其自身內，而不在其自身外。這與普通相對眞理不同。普通相對之眞理性，可說不在其自身內。因爲普通相對眞理，必及於一對象。其眞理性，在其與對象內容相貫通和諧間，而絕對眞理則爲諸眞理之眞理。其眞理性，只在諸眞理之彼此互相貫通補足而和諧間，或諸眞理之互爲其他眞理之根據間，諸眞理之各自超越其自身以證明其他之眞理之間。我們所以不安於相對眞理，唯由於相對眞理之有矛盾衝突互相對待，而不見其互爲根據互相證明而相貫通和諧。求絕對眞理之心所求者，只此矛盾衝突對待之銷除融化以得一貫通和諧。故當此矛盾衝突對待銷除融化而得一貫通和諧之處，卽我們達絕對眞理之時。絕對眞理亦卽以相對眞理間之矛盾衝突對待之銷除融化，而相貫通和諧，爲其功能與內容。而我們要認識絕對眞理之所以爲絕對眞理，亦唯當自此貫通和諧處正顯示，或我們求眞理之心，當在此貫通和諧本身生活時看。因唯此貫通和諧之所在，乃絕對眞理之絕對眞理性之所在。我們不能自外以相對的眼光看絕對眞理。我們不能自後一時所獲得之絕對眞理，看前一時所獲得之絕對眞理，遂說絕對眞理是相對的。我們當自實際上，每一時所獲得之絕對眞理本身看絕對眞理，而說每一時所獲得之絕對眞理是絕對的。

常識：但是你說實際上每一時所獲得之絕對眞理，你已將絕對眞理與「實際上每一時」之時間相對了。

愼思：這只是因爲我們說話，只能說已過去之事，只能在後段時間說前段時間，只能站在事之外面說。所以只得把時間的觀念加入。你若執着言語，那麼我們所說的永遠是相對的。但是你若眞了解語言之意義，你當知道其意義是指着所說之事本身，你當自能破除你的疑惑。

常識：縱然我們承認言語之意義，是指着其所說之事本身，我們仍有疑問。因爲如果你說的是某一時所獲得之絕對眞理已是絕對的，那他自身便不當喪失其爲絕對眞理，爲後一時所獲得之絕對眞理所代替否定。如果各時所獲得之絕對眞理都是絕對的，那便有許多並立的絕對眞理，他們便互相對待而都成相對的絕對眞理。如果只有最後所獲得之絕對眞理，才眞是絕對的，那絕對眞理便仍回到一論理的概念。我們生命是有限的，時間是無窮的。我們在實際上，永不能經驗最後所獲之絕對眞理，那仍等於說我們在實際上不能獲得絕對眞理。

愼思：你的問題仍是生於你之不免自外面看，把絕對眞理看成固定的眞理。你假如眞完全自內看，你將會懂得我言外之意，你這問題當不發生。我們已說過，所謂絕對眞理，卽存於相對眞理之和諧貫通間，相對眞理之去其矛盾衝突，融化其對待，卽絕對眞理之內容。所以絕對眞理之獲得，卽在相對眞理之逐漸和諧貫通逐漸融化而去其矛盾衝突之歷程中。只要有相對眞理之和諧、貫通、融化處，卽有絕對眞理之實現。我們時時繼續相對眞理和諧貫通融化之工作，卽時時實現絕對眞理。

如我們本書之融化各種理論之對待與矛盾，卽在實現絕對眞理。因爲不同時之和諸融化工作，是前後自相映照自相貫通，前者包入後者，後者反抱前者的；則不同時所實現之眞理，亦前後自相映照貫通，前者包入後者，後者反抱前者。所以你不能把不同時所實現之絕對眞理，互相對待。因此絕對眞理無所謂喪失其爲絕對眞理，只有眞理內容之逐漸豐富、廣大、充實，新的拓展擴闢，而無舊的之眞被代替否定。你了解了新舊之不可分，你便了解我們前說有不同時所獲得絕對眞理，是因爲我們不能馬上指出我們的結論。但是你在現在已了解絕對眞理之存在，你便當了解絕對眞理之超時間性，你不當發生這些問題。你常說我們每一時所獲得的，都是同一的絕對眞理。他只是逐漸更實現他自己，我們的心也逐漸更實現他自己要求「成爲得絕對眞理的心」之自性。他不與他自己相對待，他不喪失否定他自身。因爲如他再感矛盾衝突而喪失否定他自己本身，亦卽是新的求和諸貫通融化之工作之開始，亦卽他自性新表現之開始。他之似與他自己對待，只是他自己表現其自性有各階段。這各階段實都是他自性之表現之一部。因爲他自性表現之全體，在時間上看是一不斷之歷程，我們只從外面看，遂把各階段對待起來了。

第三節　辨求絕對眞理之心之絕對滿足

常識：我現在可承認在相對眞理之逐漸和諸貫通融化之歷程中，卽有絕對眞理之實現，見我們得絕對眞理的心之逐漸完成他自己。但是你承認他在逐漸完成，他便不曾完全完成。他不能滿足於他自己，卽爲他自己所不滿足之處，所限制了。

愼思：但是你要知道，我們由絕對眞理在逐漸實現他自己，而說我們求絕對眞理的心總不能滿足他自己；我們又是自外看，就論理上說了。因我們已說過：自實際上看，在每一時諸眞理間之和諧貫通融化中，都有絕對眞理之獲得。如果你重新的注意這話，那你便當說，只要你現在能對於諸眞理之矛盾衝突，正在加以和諧貫通融化，你現在已獲得絕對眞理。那你現在求絕對眞理的心，便是完全滿足了。因爲你的心只活動於現在，你看你的心也當自現在看。你只自現在看你現在的心，你便當說你另外莫有求絕對眞理的心，你另外也莫有未獲得絕對眞理的心。你說你現在尙有未獲得絕對眞理的心，你已是把你的心放在將來，看你現在。你覺你將來所認識之絕對眞理，是比現在所認識之絕對眞理更充實之絕對眞理，於是你覺你現在求絕對眞理之心尙有未滿足之處。但是你如此看時，你已離開現在，你已不是在現在看現在，在實際上看你實際上求絕對眞理的心。假如你眞自現在着你現在，實際上看你實際求絕對眞理之心；那你便不當說你所認識之絕對眞理，尙有不足，你應當說你求絕對眞理之心，是絕對的在現在已完成了。

常識：假如我們眞自現在看現在，說我們認識絕對眞理之心，在現在卽已完全滿足，那我們便當限於現在所認識之絕對眞理，不當求更充實我們所認識之絕對眞理。

愼思：在我們看來正相反，你眞自現在看現在，則你正不當限於你所謂現在所認識之絕對眞理，而自然會去求充實你所認識之絕對眞理。因爲你所謂現在，轉瞬卽過去，爲未來所代。你眞自現在看現在，你卽當隨時間之進展，而自然求充實所認識之絕對眞理。

如是，你求絕對眞理的心，卽站在時間之流上，在至變中不至失常，看見絕對眞理自己充實他自己，你求絕對眞理之心，自覺他自己在此「永遠的現在」建設他自己，自覺他自己主宰他自己。他在逐漸完成所不滿足於他自己者；然而他同時自覺其逐漸完成，於其逐漸完成之每一階段，印證「其現在之有一絕對的完成」。「他立於不滿足他自己處以滿足他自己」了。他擺脫了任何限制。如是，你求絕對眞理的心是絕對動的心，同時是絕對靜的心。

常識：但是我們還要注意，我們求絕對眞理的心，在其和諧融化各分殊的相對眞理之歷程中，常以非眞和諧融化者爲和諧融化，而且他常有暫時或終身無法和諧融化之分殊的相對眞理。我們在實際上眞感到我們求絕對眞理時，成問題的都解決，一切衝突矛盾都解決時，是很少的。

愼思：我們認爲我們終身無法融化和諧之分殊眞理的矛盾衝突，是不存在的。我們能發生的關於求絕對眞理的問題，而我們自身不能解決的，是莫有的。因爲一切眞理之矛盾衝突，都生於離開其自己最初所自發現之領域，而求貫通到另一領域，與另一領域之眞理，發生矛盾衝突；而有和諧融化之必要。在此時，若各眞理間，無相通處，以融合成更高之眞理，而前進以成一和諧之系統；

則各眞理自然要求退歸於其本位，而只自限於其特殊之領域，由如是退歸以成就一和諧。所以當我們之心感諸眞理之矛盾衝突時，我們總能加以化除。此心不能向前綜合以達更高之眞理，此心卽回轉，以從事於使各相對眞理分別的自限於其特殊領域之事。他不能由綜合以解決問題，他卽可由分析問題所由成，以解決問題。所以一切求絕對眞理所生之問題、所感之矛盾衝突，無不能加以解決、或加以化除，使歸於和諧之全體。誠然，在心不能前進以求和諧、而開始逆轉以求和諧之關鍵，此心似無所化除，亦無和諧之獲得。但是他此時所化除者，乃以前之只知前進之心向。此心向卽最初感矛盾衝突之原。他能化除此心向，卽他已在開始實現和諧，已有一和諧之獲得。至於所謂暫時未解決之矛盾衝突，只是你之加以融化以求和諧的心，所卽將貫注于中，而使之不存在者。其本身祇是一待克服的限制，其性質是消極而非積極的。你眞求和諧融化的心，不會覺他之積極存在的。他並不能限制你求絕對眞理的心。

你求絕對眞理的心，絕對是沒有任何限制的。你說他有任何限制的話，都是由於你之自外面看他，你不曾眞自他本身看他。

假如我們以上的話，尙有不能解答你疑問之處，這當由你不曾自己反觀你如是求絕對眞理的心，或你並不曾眞有如是求絕對眞理的心；或當你反觀你如是求絕對眞理之心時，你不能緊緊的把握住你的對象，旁邊的念頭，把你反觀的力量鬆弛了。

如果你眞能繼續不斷反觀你求絕對眞理的心，我相信你會與我得同一的結論。你會相信他是在現在自覺他自己、主宰他自己、不受任何限制的心。

你求眞理的心中，有求絕對眞理的心。你眞能反觀你之求絕對眞理的心，你即有在現在自覺他自己主宰他自己、不受任何限制的心。

我現在的意思，不是說你常有如是之求絕對眞理的心。

我只是說明你有如是之求絕對眞理的心，而建立你對於心之自信。你有一絕對動而又能自覺他之絕對動的心。你的心是自覺的將一切接觸的外物、感覺經驗、生命經驗，都視作材料，集中於他自己，而建設他自己於其上的絕對自主的心，因而又是絕對靜的心。你自信了你有如是不受限制的心，你才能更自信你的心在你全生命活動中、全宇宙中的地位之重要。

結　論

常識：我們今天討論的問題太多，希望你能將我們今天討論的問題之發展簡單的重述一遍。

愼思：我們今天的問題，是從你問「我們如何能保證心以後必能繼續不斷的克服其限制」開始。我們于是指出律則之永恆性、律則之普遍性，以指出心必能繼續克服其限制。到此你的問題便轉變了。你說心只能在其限制上活動，祇能在「非心」上建設他自己。我們以下便是對付你這問題，說心可自覺的運用自覺力，是一絕對動的中心。心自覺的運用其自覺力，卽見心能以其自覺力，去統率、通過一切外物、感覺經驗、生命經驗，且是一「將其邊沿攝入中心」之「生命活動的中心、宇宙的中心」。我們為要證明此點，乃以我們必得眞理的心，為自覺的運用自覺力之例。我們又為要說明我們期必得眞理的心，是自覺的運用自覺力，與自然判斷之不期必得眞理之心之不同，于是我們首先指出眞理之超于主觀的心。我們說：期必得眞理的心，是一客觀的心。我們于是指出此客觀的心，是一自己建設自己的心，卽自覺的運用自覺力之心。我們於此用客觀的心之名詞，是為的便于對「我們期必得眞理的心」之了解，而對于所謂自覺的運用自覺力一觀念更易於把握。以下我們卽說明我們在求眞理時之自覺的運用自覺力，如何將一切外物感覺經驗生命經驗，都使之統於自覺力之下，為自覺力所通過。我們首先對可以感覺經驗證實之外物判斷為例。以下論：對自己之判斷、對不能以感覺經驗證實之外物構造之判斷等各種求眞理之活動。再下論：我們最高之求眞理之心、求絕對眞理之心，以確立我們之自覺的運用自覺力之心，是一眞能自己建設自己的心、眞正自主的心，能將其邊沿攝入中心之「生命活動中心、宇宙中心」。

第七章較難懂，故列為附錄。你提出絕對眞理能不能為我們所達到的問題。你首先自論理上之絕對眞理之永不能完全獲得，懷疑到我們求絕對眞理的心，是能建設他自己的心。我們卽答以：絕對眞理之不能完全獲得，正所以使我們的心在求眞理時，眞成為自己建設的心。你以下又問：絕對眞理能否爲我們所達到，在我們心內或心外，與我們的心是否永相對待諸問題。我們的結論是：在理論上你不能說絕對眞理在你心內，但你亦不能說我們的心與絕對眞理是永遠對待的。再下一節你卽討論到實際上，絕對眞理在我們心以外的問題。我們卽說：眞自實際上看，絕對眞理乃隨時爲我們所獲得。因爲絕對眞理之意義與相對眞理不同，絕對眞理乃卽在把相對眞理加以和諧融化貫通之歷程中。再其次你問到：實際上所獲得絕對眞理與時間之關係，你懷疑到我們實際上所達到的絕對眞理的絕對眞理性。我們于是論到：不同時之絕對眞理，是同一的絕對眞理，自己完成他自己之諸階段。再下一節，你由絕對眞理有未完成之階段，懷疑到我們實際上求絕對眞理之心之仍不能滿足。我們于是說：自實際上看，時時皆可有絕對眞理之獲得；說你當自現在看你現在所獲得之絕對眞理。你當說你求絕對眞理之心，是在現在絕對的滿足的。再後我們又說明：在現在絕對滿足的求絕對眞理的心，卽隨所知絕對眞理之擴大充實而擴大充實的心，是站在時間之流之至變中之至常，是自覺他自己建設他自己的心，是在他不滿足於他自己處，滿足他自己之至動而又至靜的心。最後我們說：你若眞自此心之本身看此心，則一切暫不能解決之矛盾衝突，對此心都不是眞實的存在，而只是一待克服的限制。所以此心是絕對的在現在自覺主宰他自己的心、不受任何限制的心。

由此可知我們有不受任何限制的心，可自信心乃在自然宇宙間佔重要之地位。至于心在自然宇宙所作之重要事業之全部，則除由心之求眞理而產生之科學哲學外，尙有心之由求美而產生之文學藝術，心之由求善而產生之道德、政治、經濟、法律、敎育各種文化。由文化之延續，而有人類之歷史。我們如果能從人類之各種求眞求美求善之活動所形成之人類文化、歷史去看，我們將了解由心之主宰作用，所形成之人文世界、人格世界之無上的價値；而益知心在自然宇宙之重要。這在本書中，已不再討論。下部數文，可以略補此中所缺。如讀者于本書不能理解處，讀下部之文亦或可幫助其理解。

第二部　人生與人文

第一章　「生命世界」、「心靈精神世界」之存在性與客觀性

一　所感覺的物質、直覺的生命、與自覺的心

我在本書上卷中論物質、生命、心與眞理，並自心之求眞理上說心是宇宙的中心，但並未泯除心靈的、生命的、物質的各級存在之差別，亦未預備講眞正的唯心論或唯神論。那將引到太玄遠的思想，一般讀者可暫不研究。我在此書中只預備以一種廣泛的存在論，來代替唯物的存在論。物質的存在與實在，我們一點亦不否認。我們同一切唯物論者，一樣的堅信。我們只是要說明，物質的存在只是一種存在，而存在者不全是物質。如猪是一種動物，而動物不全是猪。我們重在說明生命、心靈精神，亦是一種存在，一種實在；宇宙間不只有物質世界，且有生命世界，心靈精神世界。而且他們在

全部存在世界或實在世界之地位，尙居於高一級之地位。因而可謂是更富眞實性之存在或實在。我們至少要根據此種思想，我們才能講人類文化世界、人格世界之實在，建立我們之文化理想，確定我們「對人類文化之保存與創造」之責任感與熱忱。

人們之所以容易相信：宇宙間只有物質是最眞實之存在，只有物質世界是最眞實存在世界，除掉唯物論者之曲曲折折的論辯，這本書上卷已加討論外；其根柢上之理由，卽在物質似乎是眼可以看，手可以摸……，而直接感覺到的。一般人皆重感覺性欲望的滿足，總以可感覺者爲最眞實的。人之心，卻是看不見、摸不着，因而似乎是虛玄不實的。但是讀者們，我希望你不要以爲，你們之感覺是唯一能認識「存在」與「實在」者。你們不要以爲，只有可被直接感覺的，才是眞實存在的。你必須知道不可由感官來感覺的你之心與生命，亦是眞實存在的。你的心，你雖不能由感官之感覺來知其實在，但是你可以由自覺由反省，而知其實在。你不能說，你不能反省不能自覺。因爲我們前說過如果你主張：你不能反省，不能自覺；你已是在反省「你之不能反省」，你已自覺「你之不能自覺」了。你如果說你莫有心，我便可指出，你能知道「你莫有心」，此「知」卽表現你是有心的。我們這種反證法，你是無可逃的。若你要說，因爲你的心人的心，你看不見摸不着感覺不到，便不存在。你的理論，是一點亦經不起駁的。你不能說「存在」的意義，等於「被感覺」或「感官感覺到」的意義。這另有一簡單的證法，卽如果這樣，我就要請問：你如何知道你有感覺存在？你能用感官來感覺「你之感覺」自身嗎？你看，你能自己看「你之看」嗎？你聽，你能聽「你之聽」嗎？你能聽聲音，你的「聽」本身，卻莫有聲。你能看顏色，你的「看」本身，原臭有顏色。而且正因你之「看」原無顏色，故你能看各種不同顏色。你之「聽」原無聲音，故能聽各種不同之聲音。故你看時，你決不能自己看「你自己在看」。你聽時，不能自己聽「你自己在聽」。然則，你如何知道你在看在聽呢？朋友，你要知道，你之所以能知道你在看在聽，只是因為你對於你之感覺活動，有一自覺，有一反省。你能自覺能反省，即證明你有心，心之本質即見于自覺或反省。你有心，而知感覺存在。感覺亦附於心而存在。如果心不存在，則你縱有感官接受了刺激，你只是視而不見，聽而不聞，你將無所感覺。至少你不能自覺你感覺存在，不能說你有感覺存在。如果你不能說你感覺存在，那你亦不能知你所感覺的物體之色聲香味是存在；你也不能說，物質的世界是存在了。所以你決不能說只有被感覺的物質世界，才是存在的。你必須說：不可感覺，只可被你反省自覺之心，亦是存在的。如果你否認心之存在，你便必然要陷於自相矛盾，而且連感覺之存在，物體之存在，都莫有理由可以加以肯定了。這一點我希望，你細細想想，把他參透。然後你才知道，除你所感覺之外面的物質世界是存在的外，你尚有你能反省能自覺之心，所反省所自覺之內心之世界，精神之世界之存在。

人可以由感覺而接觸外面之物質世界之存在，由心的自覺反省，而知其內心的世界之存在。但是人不只有心，還有生命。人死了，只留下軀殼，便只是一死的物質。人未死時，人總是有心。但心未必表現明顯之自覺。如你酒醉了，睡眠了，你的心便無明顯自覺。而你一日未死，你的生命總是存在。你的心可無明顯之自覺，然而你的生命卻無時不在活動。在酒醉時，睡眠時，你肺仍在呼吸，血液仍在流動，胃中的消化仍在進行。此時你生命之存在是無疑的。可見生命與心之意義，又有不同。許多生物，亦許莫有心，但他仍有生命。心是不能直接由感官來看見，心自己能自覺他自己，以心眼看見他自己。無心的生命，不能自覺他自己，但我們亦不能用一特殊感官，去看見生命。因生物的生命之本身，亦是莫有特殊的顏色，莫有特殊的形狀的。生命活動，離不開身體。然而我們前已指出生物的生命，又不在生物之身體之那一部份，而遍在生物之身體之各部之相依關係間，且表現於其身體與環境之關係間。所以要指生物的生命，在其身體中部位，以一特殊感官去看見他亦是不可能的。我們只可以由：我們對一生物之各種生命活動，分別的加以感覺後，再加以貫通融合，而對一生物之生命之存在，有一直覺。所以我們可以說物質的存在，是有形的，心靈的存在精神的存在，是無形的。生命的存在，則在有形與無形之間。生命本身是無形，然而他又表現於有形之各種生命活動之中。物質世界「可以感覺」。心靈精神之世界，則初不可感覺，只可自覺。生命之世界則初只可透過感覺來加以直覺。人不用心而睡眠時，人不自覺其存在，卻朦朧的通過其對於呼吸血液之運行之有機感覺，而直覺其是活着。大約無心的生物，都是在朦朧的直覺下，在生命之世界中活着。物質世界，生命世界，心靈與精神之世界，是同樣實際存在着的世界。無生物、生物、與人類，是分別或同時存在於此三種世界中。這三種世界，亦可說是一整個的客觀存在的世界之三種面相。

二 生命心之客觀性

你如果懷疑此生物之生命、我們之心靈與精神，具客觀存在的意義，你可試想想：你所謂客觀存在，原是什麼意義？譬如你說那門前的物質的山水是客觀存在的，天上的日月星是客觀存在的，是什麼意義呢？我想你之客觀存在一語，只能包含二個意義。一是如我們前所說，他們不能由你隨意的主觀幻想來加以改變，而有一堅固性；一是說他們是人人都可感覺的公共事物而有公共性。你試想：除了此二種意義外，所謂客觀存在與主觀存在，還有什麼分別呢？但是我很易指明，人或生物之心靈與生命、雖對自己可說主觀的東西，然從另一方看，對此人此生物以外的觀者，或人超出他自己來反省，卽是客觀存在的。譬如你說物質的活動是客觀的，因爲你不能隨意改變他，是不錯的。但是你要知道：生物的生命活動，他人的心理精神之活動，亦不是你所能隨意改變的啊。物質的存在，有其客觀的堅固性，生命的存在，與心靈的存在、精神的存在，豈不亦有其客觀的堅固性？當雷鳴電閃時，你固然不能隨意要他不鳴不閃。但是你要知道，當一小狗餓了，需要食物時；一貓春情發動，要求配偶時，你亦不能隨意要牠不滿足其生命的要求。一個原子，你固然不能任意破壞他。一個生命的生存意志，你仍然不能任意破壞他。當他人心裡高興時，你不能隨意使他不笑。當他人厭惡你、離棄你時，你亦不能隨意希望他人回心轉意。倒了的水，你不能一一收回來。失去了恩情的夫婦，亦同樣難於再合。人的情感意志之堅固性，不是同物質之堅固性一般嗎？而且一切物質的形狀，尙可以外力強迫改變，而人的情感意志思想一決定了，卻可以寧死不屈。這不是比物質之堅固性更強嗎？若果因物質有堅固性，不可隨我們之意而加以改變，故有客觀性；則一切他人之心，不是對我有同樣的客觀性嗎？不特是他人心意如此，就是我自己之心意，我們實際上亦必須依一定的程序、一定的理由，才能加以改變。當我之習慣已成時，我們須依一定之程序才能改變之；亦正如我們之改造任何外物，須依一定之程序。當我們自覺我們之行爲正當時，我們無理由可以改變我們的行爲，我們便可堅執我們之行爲。這不是同于若無使日月改變軌道之原因，作其改變軌道之理由，他們便不會改變軌道一樣嗎？所以不特他人的心意，對我們有堅固性客觀性，而且我們之已成之自我，對加以反省之自我而言，不是亦有相當的堅固性客觀性嗎？

其次我們要知道，物質的存在固然有一公共的客觀性，生命的存在、心靈精神的存在，亦有一公共的客觀性。誠然，我們通常說一個人的心靈與精神特性是個人私有的，一個生物的生命的特性亦是一生物所私有的。但我們又何嘗不可說，任一物之特性亦是那一物所私有的呢？從一個東西之特性本身上看，我們可以說宇宙間一切存在的東西，都可有其私有之特殊性。但是，當我們從宇宙間一切存在之特殊性之表現上說，則一切存在之特殊性，在原則上，無不可向各方面作同一或類似之表現，而成爲公共的，同時在原則上成爲人人所可同了解認識的。當物質的存在之方圓長短，色聲香味等性質，表現出時，固是我亦看見你亦看見，而顯其公共的客觀性。但是，當一生物之貪慾表現于其馳求的動作時，當一人之憤怒表現于其顏面與聲音時，當一人之思想表現于其言語文字時，不是亦在原則上人人都可公共了解認識嗎？誠然，當一生物之慾望，一人之情感與思想未表現出時，他們只在生物之內部、一人之人格之內部存在，而爲主觀的。但是我們又何嘗不可說，物質未表現其能力、而由能力之表現，見其特性時，此能力此特性只存於一物之內部，而爲它主觀的呢？不過以物不能自覺而不能自觀而已。所以無論說客觀性與主觀性，都是物質的存在、生命心靈精神的存在所同有，你如何能說生命心靈只是主觀而非客觀的呢。

三　充滿生命與心靈之自然觀與社會觀

如果眞了解了我們上之所說，便知我們通常說生命之存在、心靈精神之存在，只是主觀的，客觀存在的世界中只有物質，眞是錯誤到萬分。此說若有一點是處，亦只是因爲人之心靈精神內容，太豐富了，太曲折細密隱秘了。生物之生命慾望與情緒，其表現於外者太少，或者我們常把他們忽視了。然而這卻不是說客觀世界無心靈精神之存在、無生命之存在。只是我們主觀方面之了解認識、同情之力，太薄弱了。實際上只要我們擴大我們了解認識的範圍，擴大我們同情的範圍，我們便知道：

我們不僅可以感覺他人之外表的聲音、相貌、生物的動作，而且可以透過感覺，去直覺生物的生命要求、慾望、衝動、意志之爲一眞實不虛之存在；去同情的了解他人的喜、怒、哀、樂、希望、恐怖、悵惘、留戀、嘆惜、祈求，他人之一切理想、思想……各種心理，爲一眞實不虛之存在，而知生命世界之廣大，心靈與精神世界之廣大。

朋友們，你可曾想到：地球上的生物，已有數百萬種？你可曾到那自然界去看，遍郊原的靑黃碧綠，想他們都在歡呼生命的勝利？你可曾想到隨便一滴水中，空氣之任一小部份，在顯微鏡下，都可發現無數的微生物？你可曾想到：在千丈岩石之隙中一株小樹，無涯的沙漠中一片草原，這中間，都包含着宇宙的生命意志，展現着天地的生機？在氷天雪地中，幾條海狗之相偎相倚；蟻穴之旁，二個螞蟻之輕輕一觸，這中間都有生命與生命互相感通的情誼？你又可曾想到：任一株花樹，都在潛伏的希望，其花花結果，果果都落在地上，生芽長葉，遍野成林？你可曾想到：鄰家的貓在叫春時，都在潛伏的要求：與他貓交配而生出小貓，小貓再生小貓，而萬代不絕？生物爲了求自己的生存與種族的生存，有他的阻碍，有他的艱難、困苦、失敗、與絕望。然而任一生物都潛伏着：散佈其子孫於全地球全世界之無盡的生命意志。天空中的星球，究竟有莫有生物，我們不知道；亦許其生物之形態，與地上之生物不同。但是縱然莫有生物，只要生物能適於在上生存，我們可以相信任何生命都在潛伏的希望把他的子孫，遍佈一切星球，充塞宇宙。我們這話，難道不是眞的嗎？我們從這種地方想，則對生命意志之眞實，我們還能懷疑嗎？生命意志潛伏在生物身體之內，然而其表現則溢出於其身體之外，及於其環境，及於其無盡的子孫。這不是有無盡廣大的潛伏力量的嗎？宇宙間不是客觀存在着一生命意志所主宰之生命世界嗎？

至於在客觀存在之世界中，有心靈精神之存在，更不能懷疑。譬如你的父母你的妻子，對你的愛惜，對你的情誼之存在，你能懷疑其客觀存在嗎？又如當一朋友對你點頭，對你忠實時，你能懷疑他對你之敬意好意之客觀存在嗎？你不能說：當你的父母妻子對你表示愛護，而與你衣與你食時，只是一物質的手拿一物質的衣食與你。你要知道：這衣中，這食中，即有他們之情誼在。他們持衣食與你時，他們之情誼，卽透過他們之動作表現出來。你亦卽透過對他們之動作之感覺，而直覺的接觸到、同情的了解到，他們之情誼之客觀存在。於是卽在他們未表現情誼時，如他們睡眠時，你看他們睡眠時的面孔，你還是可以相信在他們之心底，潛藏着對你之疼惜與關愛。所以當你父母妻子睡眠時，你忽然大叫一聲，他們便馬上會醒來，而將其心底之對你之情誼表現出來。以至於他們縱然死了，你仍可直覺他們對你之恩情還在，竟然刻骨銘心，永不能忘。這不是因爲你相信你父母妻子對你之情誼，是一眞實不虛之存在之故嗎？實際上，你無論走到什麼地方與任何人接觸，你都處處可覺到一客觀之他人之心靈或精神之存在。這些人亦許對你愛慕、亦許對你尊敬、亦許對你漠然、對你仇恨、對你輕藐。然而此一切的一切，同表現他人的心情，對你爲一客觀存在。他們之愛敬或可不寄於你，然而他們之愛敬必有所寄，如寄於他們之家庭或他們師友。所以當你在街上看見千千萬萬的人過來過去時，你決不能想這只是行屍走肉。你只能想，他們每一人，都是爲「對你爲外在而客觀」之目的或理想，而努力而活動。他們都心中有事。他們都在爲他們自己、爲他們所關愛尊敬的人生存。他們亦許穿着同樣的衣服，在工廠中作工、在醫院中作護士。然而他們各人有各人不同的願望與情感，不同的思想、不同的笑聲與眼淚。他們各有一心靈或精神之世界，與他們之身體連結。所以世界上千千萬萬的人們，卽有千千萬萬心靈之世界、精神之世界。我們以爲街上的人們，只是如許多影子一般，或只是一二百磅之物體過來過去，我們就犯莫大的錯誤了。我們要知道，人之一切身體之動作，都在表現人之心靈、人之精神。人由身體之動作、心靈精神之活動，而後有各種文化之創造、各種人造之器物之存在。所以一切文化、一切人造之器物，亦都在表現人之心靈與精神。由是而我們可以從任何人類之文化創造、人造器物中，處處透視客觀的心靈世界精神世界之存在。所以我們必需自覺的認識，我們所穿的衣服中卽有裁縫的心血；我們所食的食物，卽有廚夫的心血；我們所用的桌椅，卽有工人的心血；我們所讀的書，卽有古往今來無數學者聖哲的心血。我們出房屋到街上，我們走的是石頭或水泥的路。但是我們知道此路卽無數的修路者之心血之所成。我們實是在無數修路者之心血上面行走。我們到郊原，我們看見漫山遍野的農作物。我們便當知有無數農人的心血在禾黍中飄蕩。我們到圖書館美術館，便當知無數作者的靈魂，都在書架畫架上往來，若聞其聲、若見其形。我們在人類的文明文化文物中生活，我們卽在人類的心血的世界中生活。客觀存在的文明文化文物，處處顯示我們以一客觀的人之心血之存在。我們還能以爲客觀存在的世界，只有物質而無心靈與精神之存在嗎？我們是太盲目，對於客觀存在之世界之認識，太淺太狹了。我們應當放開我們的眼界，擴大我們的胸襟，拓展我們的同情了解範圍；知道眞實存在的世界範圍之廣大，與內容之豐富，知道客觀存在的世界中，不只有日往月來，水流山峙，而且有鳥啼花笑，草長鶯飛，洋溢着無盡的生命；知道一切人的揚眉瞬目，運水搬柴，任何人對自然之微小的製造與工作，都在昭露人的心靈之動、精神之運，由是而親切的自覺：我們在人間社會文化中，過最平凡的日常生活，卽在一心靈精神所充滿之世界中生活。我們才算眞了解了客觀存在的世界，是如何的一世界。我們然後能對客觀存在的世界、對天地萬物與人有情。

第二章　人心與真美善

一　人有求眞善美之心

我們說：人是生物，然非一般生物。人之特徵在其心靈與精神之活動。人由此而於求自己生存生子孫，以保存種族之外；能以無私的心情去認識無利害關係事物之眞理，欣賞無利害關係事物之美；以至對於自己之子孫、自己之種族之外的其他人類與生物，表示同情，致其仁愛。人復可以爲了實現眞善美等，而節制物質欲望，獨身不娶，犧牲自己生命等。這一種人類之心靈與精神活動，常常可以超出單純的生物本能，而抱一目的，是無容否認的。當西洋第一個科學家哲學家泰利士仰觀天文時，便曾一路走，而落到井裏。當時人們便譏笑他說：哲學家仰觀天象，竟忘卻身落在井裏。這卽是人爲了求眞理，可以忘卻其身體之生存問題的證明。希臘的幾何學家，歐克里得教學生幾何時，學生問學此何用。歐克里得便命一僕人，給他一錢說：「錢有用，我之幾何學是莫有實際用處的。」近代的大科學家牛頓，一次把錶當作雞蛋來煮。人如果只是一求食的動物，亦決不會辨不清錶和雞蛋的。這一類的故事，是太多了。這都是證明人之求眞理，決不是直接爲生存。我們亦不能說，只有學者科學家才如此。實際上純粹求眞理的心是人皆有之的。好奇心、了解宇宙人生之秘密之心，不是人皆有的嗎？我們每人只要自己反省，便都會承認。其次，人不為生存之求美心，亦是人皆有之的。一個小孩坐在江邊，看落霞與孤鶩齊飛，秋水共長天一色，便會出神。任何人看了一張好的圖畫，聽了一曲好的音樂，看了一場好戲、好電影，都會眉飛色舞。究竟此與人的生存慾望保存種族本能之本身，有什麼關係呢？誰也說不出。其次人對他人，或對物之同情心、仁愛心，若純用生物之愛子孫愛種族之本能來講，亦是講不通的。我們看生物誠然亦能愛羣，如牛羊一羣一羣在山坡上互相偎倚，其間亦似有無限的親密。蜂子螞蟻，一天不斷的採花釀蜜，採集食物，養小蜂小蟻，亦能為其羣而犧牲。但是一羣的牛羊，在此決不會想到另外一羣的牛羊。蜂子分封以後，彼此便不再相照顧。不同巢穴的螞蟻，總是互相戰鬭。然而人類則可以坐於一室之內，而遙念天下之人民。人類中家與家國與國雖常相爭，然而人人都有天下和平的理想。以至對於非人之動物植物，只要莫有明顯的利害衝突，人都可以對之有情。對於動物，人常能見其生不忍見其死，聞其聲不忍食其肉。以至最可惡的老鼠，人有時亦覺他怪可憐。所以中國詩人說「愛鼠常留飯，憐蛾不點燈」。一花一木，人與之分離時，人亦有不忍之心。所謂「一花一木尋常物，到得離時倍耐看」。因此中國的儒家說人之仁心，是無所不運，而與天地萬物為一體的。人在平心靜氣，莫有私欲時，不是都能對於一切人類一切生物都有情嗎？這一種心境，我們能純用我們個人之愛自己愛子孫愛種族之生物本能來講嗎？

二　人心之特質在能自覺

現在的問題是：人既然是生物，何以又能超生物之本能，而有無私的求眞美善之心呢？其實，此中關鍵全在人之自覺。因人能自覺，自己反省自己，自己知道自己，亦即能自己超出自己，以擴大自己，如此他便有無私的求眞美善之心了。這我們在人心在自然界之地位一章中曾提到，今試引申其中之義，再加以說明。

我們之自覺心之最低之表現，即是：一種經驗，雖然已過去，我們還能再回想他。譬如，你看見太陽落了山，暮色蒼然來。但是你可以撇開暮色，自動的回想剛才所見的太陽。無論你方才經驗過的是什麼，你只要停下來回想，你總可回想到一些。人心的能力之表現，首即表現於他能記憶，能反省，能回想。而且你還可反省你的反省，回想你的回想。這一種能自覺自己而回想自己所經驗的能力，人人都有。這卻是一種最奇怪的能力。從一方面看，似乎人以外之動物，亦有記憶能回想。當主人回來時，狗便搖尾。每次搖鈴時，與狗食物，則下次鈴聲響，狗便跑來，口中早已流涎了。這些似證明，狗能認得主人，能記憶得過去的情境，因而亦似乎能回想能自覺。不過，照我們看來，動物之記憶，很難說是自覺的記憶，回想的記憶。主人回來狗搖尾，狗所有者，可只一種感當前經驗與過去經驗相同之一熟習感。熟習感不一定附有自覺的回想——如人見一人覺好面善，此時是有一熟習感。

但是我們卻常不能自覺的回想過去在何處見過。狗聞鈴聲便跑來，則可視如小孩之手被火燒過，下次見火便縮手。然而小孩卻很可能記不得過去何時被火燒。所以，以過去經驗爲根據，所形成之熟習感，及行爲之習慣，與明顯之自覺的回想不同。動物之類似有回想反省之行爲，都可能只是一熟習感與習慣行爲。這樣說來，則縱謂動物有心，亦不能說他們有像人一般之能自動的自覺的回想反省的心。我們另外有種種證據，可以見出只有人才有能自覺回想之心。今暫不討論。人之有自覺的回想反省之能力，其意義與價值，我們可以說有二：第一點人在將過去經驗加以自覺的回想時，人卽暫時超越他所感覺的現實，忘掉他現在的自己，而若回到過去的自己；同時，使已經過去的不存在的事物，宛然重現。所以人已老了，童年的故事，可宛然在目。離家已遠了，家園仍歷歷如畫。這一種回想的能力正是一能使不在現前之事物再現前，已過去而不存在的事物，重新存在之能力。本來時間之流行，原是一往向下流的。已去的，便一逝不回了。然而人之自覺的回想，卻可以把已在所謂客觀的物質世界，現實的生命歷程中消失了之事物留駐。使已不存在者，不「不存在」而存在。這卽是人心之回想對於自然的時間之流行，所作之一翻天覆地的事業。他之保存過去之所經驗者，並非只是讓過去經驗所形成之習慣，來決定他現在一切。因他在回想中，他同時知道所回想的事物，不在現在，而在過去。他亦明知他所回想，在所謂客觀之現實的世界中是不存在，而只是在心中存在。由此而他在回想時，他便是以現在的回想，反貫通於過去；因而連接過去與現在。他是在現在與過去之上，統一現在與過去。他好比是在時間之流上，搭一個橋，以使現在與過去之經驗事物之內容，互相來往。他一方站在時間之流上，使「不存在者」不「不存在」，而一方卽顯示他自身，具備一使不存在者存在之大力，能去存在那已不存在者之大力。因而又顯示其自身具備「否定不存在，而肯定存在」之原理以爲其性者。人有自覺的回想反省之能力，其第二點的意義與價值，是當我們回想過去所經驗之事物，而使之重現時，我們必同時知道此重現者，只在回想中，我們不能運用感官，在通常所謂客觀現實之世界中加以感覺。我們回想中之世界，可以任意的展開。我們可以回想兒時的師友、兒時的遊戲，與一切的一切。然而我們所回想的，如果不說出，誰亦不知道。這是我所獨知道的，如夜間的夢，只爲我所獨知。因而我們回想中之世界，便眞是一內心的世界，而與感官所直接接觸之外在世界相對的。我們有一內心的世界後，我們方眞有自我之觀念。我們方能說我如何如何，什麼是我作的事等。由是而我們遂可說回想的世界，卽我們自己建立的世界，我們自己使之存在，而存在於感覺的世界之上之一世界。

三　由自覺到眞理與知識

但是心之自己建立一回想世界，只是心之建立其世界之第一步。回想所得，皆過去所經驗的，心不過重現之，如以鏡子把他們再反映一次而已。然心之工作決不止於回想。他亦很少單純的作靜觀式回想。心之回想，常同時是要根據回想來了解現在所經驗之事物。如人到了久別的家鄉，便要回想此道路是如何的，以定現在如何走到家園。人由回想，於是能比較所得之諸經驗，所保留之諸觀念，加以抽象、分析、綜合，而形成概念，知道許多道理。再以概念與所已知之理，解釋當前之事物，我們遂能對於當前之事物，作各種判斷推理。此卽內心之世界與現實之世界之再度貫通。而當我們對事物解釋判斷正確時，我們卽獲得關於現實世界之眞理與知識。我們不斷的回想、反省、比較、抽象、分析、綜合、推理、判斷，以現在的經驗與我內心之思想互相印證、交參、校正；於是我們知識一天一天的廣大，世界事物的眞理一天一天對我昭露顯出。本來，凡物皆有理。物體有物理，生物有生理。而凡理皆有普遍性。一類事物之理，貫通着不同時間空間之一切同類事物。然人以外之一切物，皆不能自覺其自身之理。生物之理如潛藏於生物中，物體之理，如潛藏於物體中，好像封閉在那兒。世界上只有人能對理加以自覺的了解，使一切潛伏的眞理昭露顯發於自覺的心靈光輝之前，如在光天化日之下。亦只有人才能體驗眞理之普遍性，與其貫通不同時空之同類事物的功能，由此而發現客觀世界，亦原是一統一貫通的世界，人之心靈的光輝亦原是一統一貫通的光輝。人亦才知其自我是一統一貫通的自我。又因眞理之普遍性，不同時間空間的人，可共信一眞理，而眞理卽可將不同時間空間的人心，統一貫通起來。然後人類社會亦才能更成一統一貫通的社會。這些都是人之求眞理得知識之本身的價値。其次，當事物眞理爲我們認識時，事物之一切，對我們便如成透明。我順事物之自然之理去改變他，我們便可費力少而成功大。因而自然在我們之前卽變成柔順。我們可以求備足某些原因，而使某些東西存在，我們亦可備足某些因，使某一些東西不存在。於是我們卽能改造自然，利用厚生，以使自然存在之狀態，較適合我們之人生目的，使存在之自然物，均與我們生命之存在互相和諧。然而這些只是知識之實用價値。這尙是次要的，亦是人所共知，可不必多說。

四　由自覺到想像之美的世界之發現

人心之能自覺，一方使人能形成概念，建立知識，發現眞理之世界。另一方卽使人能審美，發現一美之世界。我們固可不否認自然世界之有美與眞理。美之本質在和諧、在差異複雜中之統一、在特殊中之普遍。凡一實在的自然事物，都不只表現抽象普遍之理，同時表現其理于特殊差異複雜之具體現象中。由是而一切自然事物，皆可說：能多多少少表現一些美。天高地濶、桃紅柳綠、魚躍鳶飛之美，固可說是自然原有，而非人心所臆造。但是我們雖可承認自然有美，然此自然之美卻恒非自然物自身所能知。此美恒在各自然物之關係間，而不在自然物之本身。如柳綠桃紅之美，在二者對較關係中，而不必在柳與桃之本身。所以只有能自覺其所感覺之不同之物的相互關係之人心，乃能發現自然之美。若無人心，則「天地有大美而不言」，此美卽如在混沌中。故山川雖好，而無佳客，則山川亦爲之寂寥。由此可見自然之美，亦如自然之眞理，同必待人們之自覺的心靈光輝之照耀，乃得昭露顯發如在光天化日之下。而且人心除能欣賞自然美外，又能根據其自覺的回想，而將過去所經驗之具體事物之印象，分解、拆散、再組合構造，由自由想像以發現自然以外之美之世界。人之有自由想像的能力，猶如人之有自由思想之能力。思想上之分析綜合，是要歸於抽象之理之認識。想像上之拆散組合，則只歸於具體的意象之形成。我們可以由想像把鳥之翼拆了下來，放在天眞之兒童之身，而成一小天使。我們可以想像花化爲美人，在枝葉上凝思。我們想像中宵的繁星萬點，是天上的漁燈。我們想像星河旁邊之牛郎織女，在悵望盈盈一水間，而「脈脈不得語」。想像中之材料，都是由經驗的感覺界中取來。但我可把他們分別自原來所在時空，所連繫其他事物隔開游離，重新加以融鑄。在我們想像中，可以把小的變大，在一花中看一世界；可以把大的變小，視世界如一沙塵；把遠的變近，如千里姻緣一線牽；近的變遠，使隔簾如隔萬重山；把將來變作現在，而笑逐顏開；把現在視如過去，而如夢如寐。在想像中，可把無情物視若有情，又可把有情視作無情。在想像中，我們把日常生活中事物之時空關係，完全分解拆散，而可任我們重新加以組合構造，我們由此而眞建立可以自由創造的內心世界，而其中有美。

我們之想像，原卽有一自然趨向，要去構成美的想像，而不願構成醜惡，或乾燥，毫無意味的想像。因我們之想像，常是嚮往一和諧。我們常在日常生活得不着什麼、缺什麼、覺什麼不存在，才去想像什麼。譬如一少女，日間等她的情人不來，她迷離地便想像他來了，夜間便會夢見他眞來了。

在夢中，她還會再問「這是夢嗎？」他會回答不是夢。直到醒來，她才知此實是夢。然而她同時知道作了此夢，到底比不作此夢好。此少女便應當感謝使她有此夢者。此卽是她自己能作想像的心。她此心因爲具備：「要補足其所缺憾，使不存在者存在之原理」，所以她才能作此夢而幻現夢境。所以想像必嚮往于和諧。一切和諧，便都是一種美。我們想像之活動，只有在自然界存在之美的和諧的事物前，才可得一休息。所以若我們所想像之美的和諧的境界，自然界莫有時，我們卽想法，去補自然物之美之所不足。由是而有「表現我們所想像之美」的文學藝術創作。在文學藝術創作中，我們卽實際的增加了充實了自然中所具之美。（優美皆依於和諧。壯美中亦有似相反相矛盾之內在的和諧。此問題，今姑不詳論。）

五　由自覺到善與仁心

由人心之能自覺反省回想，除一方面使人能了解眞理，能體驗美以外，再一方面卽使人能自覺的求善。什麼是善？善必表現於意志。意志所想實現的，圓滿地被實現了，卽是一直接對自己之善。所以自然界中，一切生物得完成其求生意志或生殖意志，我們都可說他們已實現一善。推廣說，一切宇宙間之事物，有所生，而又有所成，皆實現一善。此是最廣義的善。然而除了人之外，一切生物所欲實現之善，都太微小了。各生物所實現之善，恒互不相知。所以各生物才爲其自己之生存、子孫之生存，不惜盡量的殺傷其他生物。莫有一個生物，能對一切生物皆有情，對一切存在皆有情。然而人卻對自己以外之他人、一切生物、一切存在，都可有情，欲生其生而存其存，而有求客觀普遍的公善之同情心仁愛心，望人人各得其所，萬物並行不悖。究竟人如何會有此心？追原究本，亦在人之自覺。因人由自覺反省而知其自己，卽能依理性而推己之心靈之要求，以知他人心靈之要求；推己之好生，而知一切萬物之好生。而人之審美的直覺，復常可直接由他人或他物之表情與行爲活動，以透識其生命與心靈之內部。人既知此一切，再一念自覺，此一切卽轉成我們自心之內容。於是他人他物之事，卽皆如我自心內部之事，於是我們之護持自己之存在之心，滿足自己之存在要求之心，卽化爲護持他人他物之存在，而欲生其生存其存之仁心矣。

人之仁心是人之最高的心，但此心亦可說與人之能反省回想求眞求美依於同一之性。此性卽超越自己限制，以顯發昭露一切存在，護持成就一切存在而生生存存之性。不過，人在反省回想自己過去的經驗時，他雖然忘掉了他現在的自己，而超越他現在的自己之限制，然而他又限制於過去的自己中。他未能跳出其已往的生命經驗之範圍之外。及至人根據反省回想，以作推理判斷，以求客觀世界之知識時，人才眞跳出其自己之生命經驗之範圍外，而通於感覺所對之更廣大的客觀世界之眞理。然而一般知識所知之眞理，恆只是關於已成世界之抽象眞理。只注目已成之世界之抽象眞理，仍不能眞安頓寄托我們向前發展之具體生命。人之具體生命必要求具體之美，同時必期望未來。生命期望未來，人心靈之具體的想像，更投射一生命遠景於未來。具體的想像，恒歸向美。故人所投射之生命遠景，總是美麗的。美麗的想像，可以自由無礙的進行，而昭露一美之世界。然想像中之美終不實在，人之追求實在之美的心，遂使我們於欣賞自然的山水之美，異性之美，其他一切已成的人物之美之外，兼欲補自然美已成之人物之美所不足，於是我們創作文學藝術。然而一切表現美的自然事物，文學藝術品中事物，恒不是眞能自感滿足的事物。鳥鳴樹間，我們聽着很美，他自身或正感饑餓。隔岸觀火很美，然而在火中的人們，卻焦頭爛額。電影中攝的戰事片亦美，然而實際的戰爭，卻只是毀傷人命。欣賞自然，創作文學藝術，可滿足美的要求，卻仍不能實際上改去我們自己及他人內心中與行爲上之一切過惡，亦不能在實際上幫助人之自然生命要求之滿足。所以人必需進一步依理性，以選擇淘汰改組我們對于世界未來之美麗的想像，以構成一實際上可能實現，對于自己、他人、人類社會，以至對自然世界之未來，有實際助益之善的理想，而依之以行爲，以改進世界。此種領導行爲之善的理想，要可實現，便必須根據我們對于現實事物之知識，並與現實事物之實然的眞理不相矛盾。要是合理性的，便必須有普遍性、統一性，爲一切有理性的人所可同實踐、分別或合作起來去實踐的。要對自己他人或人類社會或自然世界之未來同有所助益，便必須依于無私的至公至仁之心，以建立。此種理想之具體內容，不在今討論之列。此處重要的，只在說明人可有嚮往此種理想的心。人只要有嚮往此理想之心，我卽可指出，人之此心卽是一旣照顧到我自己之生命心靈要求，而且要照顧到一切人之生命心靈之要求，與整個自然世界之存在，而加以涵蓋持載的心。亦卽爲一成己成物，而贊天地之化育的心。人之順此心而生之情意行爲，無論其所抱理想之具體內容如何，皆是期在成己成物、贊天地之化育之情意行爲。人有此心與順此心而發之情意行爲，人之心才可稱爲眞正充量昭露顯發其生生存存之理或性的心，而成爲絕對至善的心。此卽人之最高的道德心。此心旣原以生生存存爲性，故其自身亦卽一必然之眞實存在，而無一毫之可疑。就此心之涵蓋持載一切言，此心卽同于天之高明、地之博厚，而通于天地之心或帝心，亦可說爲天地之心、帝心之直接呈現，因而亦是悠久無疆而永在的。然此義深微，若非神解超悟，或深硏哲理，便須躬行實踐，方能逐漸信及。讀者如于此有疑，不妨存之于心。本文亦不便于此多論。下章當仍返至平實易解處去講：人之一般的求眞美善與人類文化之起源或其所以存在之基礎。

第三章　精神與文化

一　心靈與精神之涵義之不同

我們既然了解了人心在客觀宇宙中之眞實存在性，與其地位之高於物質與自然生命，又知人心是能自覺的自動的求眞美善者；我們便可進而論人類文化之起源。我們的結論是：「一切人類文化，皆是人心之求眞美善等精神的表現，或爲人之精神的創造。」

什麼是精神？精神一詞與心靈一詞，在我們通常似可交換互用，上文亦如此。然嚴格說，其意義實微有不同。我們說心靈，或是指心之自覺力本身，或是指心所自覺之一切內容。此中可包含人所自覺之各種求眞美善等目的。我們說精神，則是自心靈之依其目的，以主宰支配其自己之自然生命、物質的身體，並與其他自然環境、社會環境，發生感應關係，以實現其目的來說。我們可以說心靈是精神之體，精神是心靈之用。體用相依而涵義不同。心靈可以說純爲內在的，而精神則須是充於內而兼形於此心靈自身之外的。故一人格之精神，恒運於其有生命的身體之態度氣象之中，表於動作，形於言語，以與其外之自然環境、社會環境，發生感應關係、而顯於事業。人之心靈活動，可只表現爲內在的，回憶、想像、思想，而若有一絕對之自由。然人之精神之活動，則因處處要與客觀之外物（包括他人與社會）互相感應，發生關係；因而處處不免覺受外物之限制束縛。人亦恒在愈困難之境，愈求精神之自由。精神之自由，乃於重重束縛障碍中，重重限制規定下，以實現其目的理想之自由。因而其自由若爲相對的。唯在人發自精神之努力爲絕對的，而對于一切障碍、限制、規定，先均加以肯定承受，而又超越之或克服之，以求實現目的理想于其中時，精神乃有一內在的絕對之自由。所以精神之概念，乃一統攝心與心外之物、主觀與客觀、自由與阻碍等之綜合概念。我們說，人類文化即精神之表現、精神之創造。所以人類文化之概念，亦卽包含心與心外之物于其下一之綜合概念。我們在此，必需先親切的加以把握。

照我們的意思，人類精神之所以能表現爲或創造出人類文化，主要由于人心之有思想想像意志等能力，求眞美善之目的。然人若不依此心理能力此目的，以表現爲精神，亦不能創造文化。今再分別說明此二層意思如下。

二　生產工具、物質文化，與人心

與我們之第一層說法最相反者，乃唯物史觀之說。依此說，人之所以能創造文化，乃由人依其生存的需要，而人不能不在自然中勞働，人由勞働而發明生產工具。由生產工具之發明，而有社會生產關係，及社會政治之組織，與一切文化。在此短文，我不能對於持此說者曲曲折折的論證，詳加批判。我現在只要求無先入爲主之成見的人，先平心靜氣想一想：如果人之能創造文化，在根本上只原於人之生存需要；或人之生存需要，卽人能創造文化之充足理由，何以其有同樣的生存需要的生物，並未創造文化？若由勞働卽可發明生產工具，何以猴子勞働一生而無所發明？人之發明生產工具，誠然最初是爲滿足實際的需要，如發明一石斧，以破裂一物，供其享用。然而我們試想：原人中第一個發明一最粗陋的石斧之前，如果他在心中先無破裂一物之目的，如何會想到造石斧去破裂牠？如果他不能反省他的經驗，知道如何一動作，可使一石頭變尖銳成石斧，他如何會把石頭變尖銳以成石斧？你不能說只是賴一偶然的嘗試動作，毫無一目的在先，不憑反省，人便能有所發明。縱然人第一次發明第一個石斧，眞全是賴偶然之嘗試而成功，然而在他造第二個同樣的石斧時，他便仍免不了去反省：「他第一次是如何造成此石斧的？」依此反省以造第二個。如果他不憑他的心之反省的能力，他如何能造第二個？其他的人，若沒有心，知道他之如何動作與石斧之成，有一必然關係，又如何能仿效他而再造一個？所以我們縱然承認人之造第一工具是偶然，不待心之思想活動，亦絕不能說人之相續不斷的造同樣的工具是偶然，仍不待心之思想活動。更不能說人之不斷的改造工具，以適合於他的目的中所需要，不是由於心之不斷的反省的思想。人類最原始的文化，所以可稱爲文化，最低限度，亦須賴其原始之生產工具，能繼續的製造出與不斷的改進。若無心之思想，則此二者卽根本不可能。至於有文字以後，人類的一切生產工具之改進，是賴人的思想力之運用，更明見於文明史與科學史之記載。現在我們所用之一切機器，一切應用於農工礦之生產工具，皆由無數科學家之苦心焦思一切事物之因果關係而成，更是人所共認。我們只要把此一切人所共認處，牢牢把緊，便知人類文化之起原，必需直接先自人之心靈精神上去求之理由了。

我們以上說人沒有心之反省思想能力，卽不能有任何生產工具之發明；亦卽是說人無心之反省或思想能力、了解眞理追求眞理之能力，卽不能有技術上之發明。不僅今日之一切工業農業上之發明，是要根據於物理化學植物諸學之眞理，不僅有系統之科學知識是眞理，卽日常生活中之一切常識與生活技能亦包含眞理。我們今日人人在日常生活中，所知道的如何煮飯，飯乃能熟；如何穿衣，衣乃能穿得整齊，亦包含一種眞理。此種眞理與我們今日之知道如何一種科學設備，卽可造核子彈之眞理，只有內容狹窄或廣大、高深或淺易之不同。其爲一種眞理，並無不同。我們要知道凡是說「由如何則如何」「因如何故如何」的話，都同表現一眞理。由此，我們便知人類自古及今，家家戶戶，老老少少，男男女女，無一人莫有相當的知識，卽無一人不接觸眞理世界之一些眞理。世間無一人不是賴其知識，來指導他如何衣如何食，如何生存；卽無一人不是賴他對眞理世界的眞理之了解，來維持他的生命，繼續他的生存，而成爲一個在有物質文化的人類社會中生活的人。因而我們可以說今日之一切人的自然生命，都是生存在人的心之思想所認識的眞理之基礎上。整個有物質文化的社會人類之存在，都是依於知識之世界，眞理之世界而存在。因而一切生產工具，一切生產工具所生產之一切財富，人賴以生存之一切物品，與人之如何運用之以滿足其生命要求，都是依賴於人之先有心之思想、心之能認識眞理。

三　社會之存在基礎，與人之求眞美善之心

我們上面說人之生命之得維持，是以知識爲基礎、以了解之眞理爲基礎，卽謂知識爲人類文化之最底層。知識由常識進到科學、哲學，卽成有系統之學術。我們不說一切知識學術，都只是爲實用而有。然而我們卻可說人類之生存，乃生存於知識學術之基礎上。不過我們不能說人類只生存於知識學術之基礎上，人類亦生存於人心求善之意志、求美之想像，與其所表現之道德、藝術、文學之基礎上。這亦不是只有少數人才如此，而是一切人都如此。不只是現代人才如此，而是人類自來卽如此。依唯物史觀之說，人類最初只是因各人要求各人的生存，乃共同勞動，而彼此遂有一定的生產關係，依是而有社會。後來則因求生存的鬬爭，在生產關係中的各種人，利害不同，而分出社會階級。由是而整個人類社會之歷史，便只是一階級鬬爭之歷史。這實只是純從社會之黑暗面，社會之病態上，人類之單純的生物本能上，去看人類社會之所以存在之論。實際上，人類之所以能生存於社會，人類社會本身之所以存在，實是以人心之有求眞之思想，求善之意志，求美之想像等，爲最深的基礎。原始人類誠然要爲自己的生存而勞動。但是單純的共同勞働，並不會發生社會政治的組織。人不是如蜂蟻

之依純粹之本能，以組織社會。人們至少必需在勞働中，互相以語言來表達思想、情感，與需要。人必多少互相了解、互相幫助、分工合作，以滿足其自然需要，乃有社會政治之組織。人若莫有心之思想力與反省力，則人首先不能了解他人的思想。人若莫有對人之關切心同情心，人根本卽無互相幫助互相滿足需要之事。這亦卽是說：人若不能有求知他人之心、莫有求知他人之心之眞相，獲得「他人之心理是如何之眞理」、人若果莫有對人之好意或善意志，則人縱終日在一起勞働，仍無任何人類社會之組織之可能。這實在是再明白不過的道理。其次卽在原始社會，人們共同勞働時，人恒一面勞働，卽一面以動作相配合，互相對答，互相呼嘯，由此而有最原始的歌唱、舞踊。講唯物史觀者，卽以此證明藝術之原於勞働。然而他們卻不能說明，何以勤勞的蜂蟻，並未創造藝術。人類之勞働最初總與歌唱舞踊相配合，正證明人心之自始能在節奏的動作中，在抑揚的聲音中，在內心情感之表達於語言中，在人與人互相和諧配合之一切活動中，欣賞美、了解美、創造美。人必需在勞働中有歌唱舞踊來調劑。有了歌唱舞踊調劑，人之勞動乃不易疲倦、更有興趣，更有效率，而生產的東西更多，同時人與人間亦更能同情、互助。此正證明：人類之求美的心，人類之藝術文學之活動，亦卽原始之人類社會組織所以能存在之一基礎。人之生，由於男女之相悅，而人間男女之相悅，並非如其他生物之只要是異性，便可交配。人間男女之相悅，必包含自覺選擇，並與美感爲緣。情人眼裏出西施，故不美者亦必幻現爲美。男女之相悅，陰陽之和諧，在旁觀者看來，或自己來反觀，其中卽見一種美。故柏拉圖謂人之生卽生於此美之要求實現。有男女而有夫婦，而有家庭。有家庭而有社會。人對人之好意，首表現於家庭中。人類最早之社會，卽由血緣關係而成之宗法社會。此是人之審美意識、人之好意，爲人類社會所以存在之基礎之另一證明。與我們之思想相反之人，恆過度強調人類社會中之互相鬪爭之事實。對於這種人，我們不特要提醒他在人類社會歷史上，多看看人類之互助同情而分工合作一面。而且要使他們知道人類之所以能相鬪爭，亦以人之能互助同情、人之有求眞美善之心爲基礎。試想當一國與一國鬪爭時，如一國之內不互助，又如何可與他國鬪爭？一階級與一階級鬪爭時，如一階級之內不互助，如何可與他階級相鬪爭？一家族與一家族相鬪爭時，一家族之內必須互助。一人與他人相鬪爭時，他必須求朋友互助。一殘民以逞的獨夫與天下人鬪爭時，則天下人彼此相互助。人之與他人鬪爭，很少只是爲自己。一個人常是爲自己的同事、自己的朋友、自己所屬之團體、自己的階級、自己的國家而鬪爭。這卽證明人之鬪爭與瞋恨，亦依於他之有所愛有所願意幫助的人；又證明人之好意與善意，是社會存在眞正的基礎。鬪爭亦只能在此基礎上鬪爭。我們若果在這種地方眞是看得清，認得穩，便知人類社會存在之基礎，絕對不是鬪爭。人類社會縱然在表面上鬧得天翻地覆，然而在底子上，則一切父子兄弟夫婦朋友之間，一切公司、機關、政黨、階級、國家、民族之內部，仍多多少少要賴彼此之互助、信託、同情、合作、仁愛、忠誠來維持其存在。這是自古及今，普天之下，一切人類社會之所以存在，根深蒂固，永遠不能完全搖動的基礎。這是人類精神的海底，無論海上如何波濤洶湧，然而海底仍永遠靜寂而安定。人類最高的智慧，即在自覺的認識此爲社會之基礎的，人心所同然的好意、善意志之存在，而加以擴充；以化除人與人表面之鬪爭，爲互相觀摩之競爭；而以互助、信託、同情、合作等，來規範競爭，化人間社會表面之戾氣爲祥和。此化戾氣爲祥和之工作，猶如翻出海底之平靜安定，來停息海面之波濤。此之謂致太平之仁術。如果依馬克斯之說，則人類社會之歷史，自來以鬪爭爲本質，宇宙人生之一切，亦以鬪爭爲本質，則人類本性中自來無太平之種子，世界亦永無眞致太平之可能了。

四　創造文化的精神

我們在上文說明人類社會之存在，依於人之求眞美善的心。然而我們卻不說只賴人之主觀的思想、想像、意志等心理能力，只賴人之眞美善的心，即有文化之創造。我們說，人的求眞美善的心，必須眞實的表現爲一客觀的求眞美善的精神，乃能創造出文化。人類雖然都在文化社會中生活，然大多數的人，常只能享受歷史傳下來的文化成果，而不能創造文化。一切人所享受的文化成果，最初都是人創造的。然而在一般享受文化的人，都常不知文化是依於一創造的精神來的。什麼是創造文化的精神？這乃是一去發現未發現的眞理，去表現未表現過的美，去實現未實現的善的精神。人如何能發現未發現的眞理？除了他須要能反省能思想以外，他或必須感受生存於自然的困難，他或必須遇見令他驚奇怪駭的外界事物，他或必須去探險去遠遊，以擴大他的經驗。他或必須依這一目標去作各種的觀察實驗。他恒須苦思至顏色憔悴、形容枯槁。人如何表現未表現的美？他除本有想像美、體驗美之能力外，他或必須感到單純的爲生存而勞働之疲倦。他或必須經過美麗的自然之陶冶。他或必須受一自然生命衝動，或內部靈感之鼓盪。他或必須一生有無數波瀾起伏之人生經驗。他或必須看慣了歷史上的治亂興亡，人間社會之成敗得失。他恆必須爲藝術文學之創作，而消耗其自然生命力與身體之精力。人如何能實現未實現的善？除他本有之良心，天生之好意之外，他或必須深感社會的黑暗。他或必須親見人們之受種種苦痛，而生莫大的同情。他或必須對他自己行爲上的罪過，有眞切的懺悔。他或必須爲他們所遇之偉大人格所感動。他恒必須爲宣揚他的善之理想，而奔走呼號，以至犧牲生命。總而言之，人在有創造文化的精神時，人必須以他的生活之一切實際經驗，以他的精力，他的生命，爲文化創造而用。人在此時，恒必須與其自然環境社會環境，發生各種不同的感應關係，而常免不掉受各種客觀外物的規定限制阻碍。人在了解眞理後，或用文字表達而成著作，著作本身亦一物質之存在。或憑知識以製造發明各種利用厚生之器物。藝術文學之創作，亦要表現於文字之著作，或有形有色有聲之藝術品，如一建築，一張畫，一鋼琴上之彈奏。此等等之本身，亦都可說是一物質世界之存在。而人之善德，恒睟於面、盎於背，以表現於身體。人之善行，恆見於如何使人各得暢遂其生命之各種實際事業上，而此事業亦與所謂物質世界直接發生關係。由是我們便可以知道人類創造文化之精神，乃人類心靈求眞美善之要求，貫注於其實際生活中，運用其生命、精力，在客觀之社會環境、自然環境中創造一文化物，以代替自然物之精神。由是而我們遂可在人類文化之創造中，眞正認識心靈與生命物質三種存在之綜合的統一。生命與物質，在此時則被主宰於心靈之求眞善美之目的之下。由是而我們可以說，人類文化之存在，卽自然宇宙之進化之最高的階段。而人類文化本身，亦卽在自然宇宙之中或之上之一最高之存在。

第四章　人文世界之概念

一　導　言

在精神與文化一章中，我曾說明人類之文化，皆原於人求實現眞善美等價值之心。此乃我們對文化應有之基本認識。由此認識，我們乃能認清人與其文化之尊嚴，而後能討論一切人生文化之理想問題。然而我們眞要認淸此點，必須對人文世界之領域之各方面，有一淸楚的槪念，並分別認識其爲人求眞善美等之心之不同的表現。本文分人文領域爲九，卽知識學術、生存技術、藝術、文學、經濟、政治、法律、道德、宗教、敎育。今一一界定其意義與關聯如下。

二　知識學術

所謂知識學術，卽直接以了解眞理爲目的之人文領域。此中分二種，一爲純理論性的，一爲兼實用性的。前者通稱理論的知識，理論的學術。後者通稱應用的知識，應用的學術。前者以知「是何」與「因何」（What Why）之眞理，爲直接之目的。後者兼以知如何（How）之眞理，爲直接之目的。前者中，有以研究抽象普遍之形數關係爲目的者，是爲數學幾何學。有以研究自然界一類現象，如物質現象、生命現象、心靈現象之普遍之理爲目的者，如物理學生理學心理學。有以研究自然界一類存在事物或特定存在事物之理爲目的者，如天文學、礦物學、生物學、人類學、人種學、地質學、地理學。此各種學術之研究，皆可直接滿足人之求眞心，然又皆可爲各種應用科學之根據。如工業科學，根據於幾何學、數學、物理學、化學、地質學之應用。農業科學，根據於化學、生理學、生物學之應用。醫學、體育衞生學，根據於生理學、心理學、人類學、人種學之應用。

理論科學中，又有以研究社會之如何組織變遷，社會之經濟、政治、法律等現象之理爲目的者，此爲各種社會科學。至於研究人之如何求眞求善求美之本身，及宇宙人生知識之根本原理者，則爲論理學、倫理學、美學、形而上學、人生哲學、知識論。此屬於哲學。至於以記載人類之歷史事變爲目的者，則爲歷史學。哲學與歷史，雖皆不同於科學，然同以求眞爲目的。此各種學問亦各有其可應用之範圍。如政治學之應用於組織政府，改良政治。法律學之應用於司法立法。經濟學之應用於商業及國民經濟之建設。美學應用於文學藝術。倫理學應用於使人實踐道德。論理學知識論應用於一切學術方法之建立，與一切學術知識之批判。歷史學應用於建立人類對其自己之文化之信心，與以古鑑今等。然而此類學問之應用，皆只應用於求人類社會文化，或精神文化之自身之進步，而非應用於自然之改造，故可通稱爲人文學科。

但是我們必須注意，自然科學與自然本身不同，應用科學如農業科學與農業本身不同。社會、人文學科本身是社會人文之一部。然社會人文學科與社會人文之全體不同。研究某一社會人文現象之學科，與某一社會人文現象本身，不卽是一個東西。如政治學本身非政治，倫理學本身非卽道德……所以知識學術以外，尙有其他文化領域。

三　生存技術與其事業

我們知農業科學與農業本身不同，亦知工業科學與工業本身不同，醫學衞生學與醫藥衞生等事業不同，體育學與實際上之運動會等之不同。凡此後者，皆是分別實際存在於人類社會之一種文化事業。由工業而人對無生物、地球、礦物、電力、水力等物質世界之物與力，加以利用或改造。由農業畜牧業，而人對人外之植物動物等生命世界之物與力，加以利用或改造。由醫藥衞生等事業，而人對自己之身體之健康壽命，求加以保持或增加、延長。此三者之目的，皆重在求人之得生存於自然界。所以我們可以統名之爲生存技術之事業。此生存技術之事業，由應用知識學術而有，一面與社會經濟相通，一面與藝術相通。由此相通處，便見生存技術之事業，兼依於人之求眞美善之心而存在。此俟後論。

四　技術與藝術

我們上文之所以說生存技術與藝術相通者，因我們承認人類最早之藝術，即存於人類最早之技術活動中。技術之活動，是人依其觀念理想，以製造一器物，栽培一植物……以供人之用，亦即出於人想實現其觀念理想於自然之動機。人之藝術的創造，亦不外欲將人心目中所認爲美之意像，實現於自然，如雕刻頑石成雕像。由此即見技術活動與藝術活動之相同。所不同者，只在技術之製造是以實用爲目的。工業農業畜牧之技術所生產之器物，都是供人之使用消費的。藝術之創作，則以藝術品之成功，而表現心中所意想之美於自然本身爲目的。所以對於一藝術品，人只是欣賞之，而非使用之消費之。欣賞之要保存之，使之長久存在。使用之消費之，則恒是使之由存在而漸不存在，——故必須繼續有所生產，或再生產，以供使用消費。此是技術活動與藝術活動之不同。然而技術與藝術之截然分別成二種文化領域，則是文化進步後乃顯出。人類最初只有與藝術相融之技術；文化進步後，乃有離開技術之藝術。人在製造一刀時，把他磨尖，是爲實用；而使刀面光滑整齊，則同時有審美的動機。人造房屋製衣服，是爲實用；然房屋加上花紋，衣服加上顏色，使形式美觀，即包含一藝術的活動。農人在把一束一束禾黍整齊的堆積，工人製造一旋轉的車輪時，都包含一審美之意識。我們試看我們平日供實用之物，無論是牀、桌、帳、被、鍋、竈、碗、筷、壺、杯、箱、盒，那一種東西製造好時，不多多少少表現：整齊、對稱、比例、和諧、統一……之形式美。便知人之審美精神，最初實遍運於一切技術之活動。所以人類的技術中，即包含藝術的成份。世間自古及今，莫有絕對離開審美活動的技術。然由文化進步，卻有離開技術之純粹的藝術。這卽證明人生是嚮往藝術的生活，美的生活的。

在純粹的藝術中，通常分爲建築、彫刻、圖畫、書法、音樂、跳舞。巍峨的宮殿、精緻的彫刻，形似或傳神的畫像、工整不苟或氣韻橫生的書法、婉轉悠揚或雄壯豪放的音樂，與曼妙活潑的舞蹈。這些都是本身有美的價值之純藝術品。這各種藝術之不同，在建築之材料是固定的磚石，鋼骨水泥之物質。建築之美，由於此物質材料結構的形式。此形式美，可說是外在於所由構成之物質材料之自身的。彫刻則對物質材料自身加以改造，使之具備形式美。此形式美卻是更內在於物質材料自身的。唯此二者皆是立體的藝術。此中，人之創作之活動，皆太受物質材料之限制。圖畫與書法，則是平面的藝術，而更重純粹之形式美，因而更能脫離物質材料之限制。

至於音樂，則純以聲音表達出一美的境界，而使人超出有形之世界，以達無形之世界。由音樂，人可以直接體驗生命心靈自身之純粹振動的升降起伏、抑揚高下。音樂中器樂外，有聲樂。一切藝術中只有聲樂與跳舞，是以我們之身體自身、生命自身，作爲藝術活動的材料。由歌舞，而人之聲音與身體之動作，爲旋律、對稱、和諧等美之原理所規範。人之物質的身體，在音波中蕩漾，在動作中化爲輕靈，而若暫時離開物質之世界。因爲這時身體之物質，亦只成爲藝術之活動之材料，而隸屬於美的世界、藝術之世界了。

五　文學

人之藝術的世界，又直接聯繫於文學之世界。人在歌唱時，自然連帶着言語。有韻律的言語，卽是詩歌。一切文學都原於詩歌。文學與藝術之直接目的，都在表現美。但是二者又不同。藝術的活動之目的，在表現美於自然界之物質或物質的形式，與我們自然的身體。文學之目的，則在表現美於人造的語言文字。每一個語言文字，都是直接傳達一種意義。然而意義是看不見的，只有人心能了解。所以語言文字，亦最能直接溝通人的心。由語言文字，而一個人亦最易進入到他人的內心之世界；亦把自己之內心之世界表現出來，爲他人所可共喩。通過言語文字，而各人的心，互爲客觀之存在，乃有一客觀存在之心靈世界可說。所以文學之表現美，亦重在表現人之心靈世界的美。文學中可以描寫自然的美，如山川的美、花鳥的美，與日常生活中之悲歡離合，而使之顯出美來。但是此一切的美，都要先經過作者的心靈的光輝之照耀，染上作者之心靈的彩色，再由文字語言，以間接的顯露出來。他人要了解此語言文字，亦須由對於他過去的經驗，加以反省回憶，知其意義，再在自心現出與作者心相類似的種種意像意境。文學之高於藝術者，在語言文字可以表達衆多的意義。憑我們的想像，無論是遠的、近的，現在的、過去的，實在的、可能有的， 切自然界與日常生活中事物之景像，我們都可呈現之於目前，並自由加以結合、組織、構造。由是而形成種種純精神的美的景像或美的意境，擴大我們之美的境界。

因爲文學之美是透過心靈之世界所顯示的。所以在日常生活中不美的東西、醜惡的東西，更易經過文人之筆而化成美。這理由，一方是一切醜惡的東西，在心靈之反省下，皆成觀照的對象（此觀照是文學與藝術所同賴以成立的），即由質實而化爲空靈，而醜惡即被冲淡。再一方是賴心靈之綜合的想像作用，可以把美的聯想貫注到醜惡中，並以醜惡之否定者，對消醜惡。所以乞丐雖然看起來很髒，然在鄭板橋之曲中，聯想到那乞丐之自由，想着那乞丐之橋邊日出猶酣睡，便亦很美了。三國演義中的曹操雖很醜惡，然而有打他的劉備張飛，或記述到曹操之死亡處，便把他的醜惡對消了。所以憑綜合的想像力，在詩人文人之筆下，任何事物皆無不可爲好詩好文之材料。再加上詩文本身之形式結構之美，而天下之事物在文學中可無不美。這是文學中所顯之美的世界，所以大於藝術中所顯之美的世界之第一個原因。

其次，因語言文字本身，是向人說的。人在創作文學時，必想到他人之心之客觀存在。所以人在創作文學時，人一方須求人同情，一方亦即同情於他人之心。此心在本原上，必須兼是一有相當的對人之好意的心，亦卽爲一旣求美亦求善的心。在文學中，人亦恒須設身處地、替人設想，以描述他人的心理，並計劃如何寫作，乃可以感人。這樣一來，遂自然使文學中主要內容，是表現自己的人生，與他人的人生。由是而文學能表現人間關係中一切美與善。最高的文學，亦必須兼求美且求善。傷風敗俗、誨淫誨盜，或以利己損人爲目的之文學，無論如何美，都不能爲文學中的第一流。文學作品至少亦須不違人倫道德，或多少有溫柔敦厚之情調者，乃能成第一流之文學作品。這正是因爲文學在本質上，卽是依於人與人之心靈之能交感、相了解、相同情而成立之故。

在文學中，通常分爲詩歌、散文、小說、與戲劇。詩歌主要是抒情或寫景。寫景重在直接以文字再表現自然之美，抒情是表現人生之內心之情韻之美。詩歌重音節與韻律，並可譜之音樂。故詩歌卽文學與藝術中音樂之相交切者。散文可寫景，又可以言情，亦可以敘事記物，以及說理。小說述繼續發展之故事。散文小說之敘事記物與說理者，皆必須不只表現眞理，且兼表現美者，乃屬於純文學。如敘事物說理，而只以得事實之眞相爲目的，則散文小說同於科學哲學歷史，非純文學。故散文小說，亦可謂爲文學，與學術之交切點。散文之敘事物，可爲自然事物，可爲社會或人間之事物。小說則純以敘人間之事爲目的，故小說純爲表現人生者，與詩歌戲劇同。唯詩歌重表現人生之內心，小說則一方可敘述人之內心，一方敘述人生在自然環境社會環境下，所作之事及人之言語行爲之活動。至於戲劇，則直接以表現「在一環境中人對人之行爲言語」爲目的，把人對人之各種行爲言語，加以配置，以表現出一美的境界。由寫作之戲劇至實際演出之戲劇，則爲文學上之戲劇之現實化於舞臺者。電影由戲劇而出，電影卽文學上之戲劇之現實化於攝影場或表演處所，而被攝製者。文學只可以心來了解。演出的戲劇與電影，則重返於可聽可看可感覺之現實存在之世界。唯戲劇與電影畢竟只是戲，其所表現的，仍原於文學中之想像。他是眞實人生以外的虛幻，而在虛幻中表現一人生眞實。戲劇電影中，可包含音樂、舞蹈、建築、圖畫之美，於是他們成爲文學藝術之一綜合。他們亦是文學藝術與眞實人生之一交界，所以他們可以成爲雅俗共賞的藝術。然而他們亦因此而不是純粹的文學或純粹的藝術，亦不能成爲表現最高的精神上之美感之藝術。

六　生存技術與社會經濟

我們說生存技術之事業，一面通於藝術、通於美感，一面又通於社會經濟。社會經濟本身亦是人文之一領域。社會經濟之概念，與生存技術之概念不同。生存技術表現於人對自然之生產活動等。而社會經濟現象，則是人與人之共同生產，或相互交換、分配其各所生產之物品，以供消費之現象。交換卽商業之原始。國家之經濟政策，恒在促進社會生產量之增加，並使財富之分配合乎正義之原則。而一健全的社會經濟，不僅要使人得生存，且要使人所分得之財物，足供其享受藝術文學之生活，及其他的文化生活，以完成其人格之善。由是而經濟之概念中，卽必須包含美善之人生理想以爲其內涵。我們復可謂，人類在社會之一切經濟行爲與一切經濟組織，自始卽依於人心之道德意識而存在。人在開始共同生產或互相交換財物時，人卽必需先了解他人與我之同要求生存、同能勞動、同有其需要等。此了解本身，初卽依於人心之能互相同情，發生共感。故由此了解，卽可自然引出各種求交易公平、互助、遵守信約之道德意識。商人固好利，但單純的好利之本能欲望，並不能產生商業。商人必然於好利之外，多少有守信或助人之道德，然後能成大商家。壞商人亦必利用其他商人之守信，或他人之相助，乃能獲分外之利。所以人類商業之經濟之存在基礎，仍在人之道德意識。誠然在私有財產制度下，資本主義之商業社會中，人與人間常不免情感涼薄，產生過度的貧富懸殊。然私有財產制度，仍依於不偷盜、不搶刼之道德以維持。資本主義所由形成之自由競爭，初仍依於機會均等之平等原則。過度的貧富懸殊，乃其流弊，亦無人以之爲合正義。故以國家政府之力量，限制此流弊之經濟政策，及社會主義經濟制度，乃應運而生。此二者皆明顯是依於人之正義觀念，對貧弱者之同情而生。由此而我們遂可說社會上各種生產組織、交換分配組織、消費組織之存在，與國家政府之經濟上之措施及一切經濟上之主義之提倡，其最根本最原始的根據，同在人之求善的道德意志。不過在此個人之求善的意志，乃與人各謀其個人或所屬團體階級之私利之心，互相結合，互相規定。遂不如通常所謂道德修養中求善意志之純粹而已。

七　法律與政治

由社會經濟之發達，須賴守信互助等道德之維持，須賴國家政府之管制，由是而社會經濟遂通於政治與法律。法律與政治，各爲文化之一領域，法律或爲社會所習慣遵守，或爲人民公意、立法機關所製定。法律之目的，在依強制力以保護人民之權利或福利，以維持社會之秩序，所以濟個人道德之窮。然法律之本身之建立，即依人之尊重社會秩序，平等尊重人我之權利福利之正義觀念。法律之懲罰毀約者，即所以維護信義。懲罰投機者，即所以保障公平的交易。懲罰毀人之名譽者，即所以維持人與人之間之禮貌與敬意。懲罰破壞人之婚姻者，即所以增加愛情之幸福。故法律之存在，即依於人之一否定「不善」以成就善之道德意識。守法律之行爲之異於一般道德行爲，唯在一般道德行爲，純出自動，不當夾雜任何利害之考慮。人之守法律之行爲，則或不免依於人之希利避害之自然本能。人恒以畏法律之罰而不敢爲非。此種守法便非最高之道德。然我們復須知：當吾人立法時，根據人之希利避害之本能以使人不敢爲非，同時亦即是使本無道德價值之希利避害之本能，間接表現一維護社會秩序之道德價值。故法律之存在於文化，亦即所以使吾人之自然本能，隸屬於人之維護道德文化之精神，而實現吾人以精神主宰自然本能之目的者。

政治與法律相通而又不同。法律重在消極的防制規範社會中各個人之行爲，以維護社會之公共秩序，保護個人之權利等。政治之目的，重在積極的調整安排組織社會中各個人社團之行爲，使相配合，共求國家社會公益之促進，文化之提高。人類最初之政治活動與政府所產生之根據，唯在人民之有公共之活動。此公共之活動或爲共同生產，或爲共謀禦外侮，或爲其他之集體娛樂、共同事神之活動。在公共之活動中，必須有領導者、發命令者、鼓舞興發人民之行動者、執行大家共議定之法律者、專辦公共事務者，此卽統治者或政府之起源。所謂政治之活動，初卽是人民如何推選治者、服從治者、監督治者，治者如何統率鼓舞與發人民，以使一社會中各個人各社團之行爲，皆調整安排適當，配合成和諧之整體，以從事社會公益之促進，文化之提高之謂。所以人之政治的意識，在根本上爲一求善之意識。亦可說爲求人與人間關係，由配合和諧而表現一種「集體社會之美」的意識。故政治上之最理想的太平之世、太和之世，卽可如一音樂中之諧樂。法律規範社會中個人之活動，而使社會條理秩序化，有如自然律之使自然現象條理秩序化。自然律是實然的規範「自然」的眞理。法律是當然的規範「人間社會」的眞理。故政治法律皆以求善意志爲本，而又分別應合於人間社會的眞理與美之實現。

軍事所以保衞國家民族，亦卽所以維護社會文化。軍事爲政治之延長。故不另論。

八　道　德

社會經濟法律政治，皆依求善意志而存在。然其直接目的則在增加社會之財富，維持社會之秩序，完善國家社會之組織；以使個人安樂於社會國家。而道德之目的，則爲人之自以其修養工夫，求其人格之美善。人在從事生存技術及自然科學時，人乃面向自然。人在從事政治法律社會經濟之活動時，人則面向個人以外之社會國家，而不免有所求於他人。道德之活動，純爲反求諸己的。道德之活動在原則上為一純粹之自制、自強、自勉、自反、自誡、自盡其心，以遷善改過，而具備所希之善德於人格之自身，以成聖成賢之活動。人欲具備善德於人格之自身，人可以促進國家社會公益，提高其文化為己任。人亦可在任何職業事業中——如從政、立法、司法、經商、業農、開礦——中，表現其道德人格，並憑藉其任何生活上之經歷，以磨練修養他自己。於是人之道德活動，即可貫注於一切社會活動之中。人之德性，亦即兼為社會國家所以得安定文化能進步之基礎。但是我們只能說這是因人之道德意識中，本當包含為社會國家盡責之動機，卻不能說人之道德修養，純是為社會國家；亦不能說人只能在社會國家之羣體生活中，才能修養道德。人之道德修養之直接目的，在完成自己之人格。人除去參加社會國家之政治經濟立法司法等公共事業以外，人在日常家庭生活中，私人的友誼中，與其他一切人與人之關係中，亦皆隨處可修養自己之德性、表現自己之德性。個人獨處時之懺悔與反省、發憤與立志，與人德性進步關係尤大。其他學術文化生活皆與德性有關，如學科學哲學歷史，可增加人生之智慧。好的文學藝術作品，可陶養人之性情。宗教信仰，可以使人忘我，超越生死得失利害的計較。此同是可培養人之德性，亦表現人之德性的。故道德上之求具備善德，乃一種可由任何種人生文化活動，以培養、以表現之善德。此善德是包括求眞求美之精神的。因求眞求美之精神，本身即是好的善的。而且研究眞理之學術中，即有關於善之眞理。表現美之文學藝術中，即有合乎善的美。凡一善的人格，亦都有一段眞誠——眞誠即宇宙人生之最高眞理之直接通過人格而實現，而其氣象態度與行爲，亦必多少表現一人格美。故在最高之德性之善中，必包含眞與美，將三者融化爲一。此之謂聖賢之德。

九　宗　教

宗教亦是人文世界之一領域。宗教之爲文化，是整個人生或整個人格與宇宙眞宰或眞如，發生關係之一種文化，亦卽是天人之際之一種文化。以上所述各種之文化皆屬於可知界。宗教則是人欲由可知界，超升至超知界之一種文化。人之本性必一方求達絕對圓滿眞美善之理想，而一方又知道不超越其所知之眞美善理想之一切限制，不能有所謂絕對圓滿之眞美善之理想之實現。由此而人有求超升至超知界之嚮往與祈求。此卽人之宗教要求。此宗教要求，亦可說爲超知界對吾人之一接引。人之宗教要求，或表現爲信一超越現象世界、曾創造天地宇宙之眞宰上帝，如耶教回教。或表現爲信一有無窮智慧、備無邊福德，德同上帝，而又爲人所修成之佛菩薩或仙之佛教道教。宗教的信仰，是信仰一至眞實至完善，而又超思議言說所及之上帝或佛境仙境之存在。同時我們可由此信仰而與上帝接近，入上帝之國，或成佛成仙，而神聖化吾人之人格。我們須知宗教的要求，是植根於人心深處的。在原始的宗教中，固恒不脫拜物教之色彩。人初所信之神，亦常不免兇暴殘忍可怖。然而原始人，仍相信一樹一木一山川之神，比他更多知道一些事情（更多知眞理），更有威力以主持正義（更善），更能自由行動，四處遨遊（生活得更美）。故人之信神佛，卽由人之深心，原有超越我們所及之眞善美之限制，而達更圓滿之眞美善之要求。亦可說我們之心原依托於一超越的無限圓滿的眞美善之存在或境界，故人會爲宗教上之上帝或佛境仙境所接引。人信了宗教，無論是信上帝或信佛或其他，人都可覺其自己之生命，宛若爲一無限圓滿或清淨純一之眞美善之光輝所照耀，爲神聖的上帝或佛菩薩之無盡仁愛所覆育加被，並感到上帝與佛菩薩之永恒的生命，卽與我之生命相通，而我亦可達于永生或不生不滅之境；由此以得一種精神上之無盡的慰安寄托，並願意把神或佛之仁愛之體證，以引發自己之善心，而佈此仁愛於世間；於是而提高自己之人格，長養了自己之德性。宗教信仰對人生之價值，只要有宗教信仰的人，都可切身的感到。但在不信仰上帝或佛之存在的人，很難以辯難使之相信。從一方面看，我們亦可說上帝或佛卽我們自己之本心。此卽儒家之天人合一之教及禪宗之卽心卽佛之教。故儒家與禪宗，仍可說包含一宗教精神。此乃一使「盡心知性或明心見性之德性修養，與祀天禮佛合一」之宗教。不過此中問題太深，非今所能詳。人縱一時對宗教不能信及，只要知人心有宗教之要求，並知宗教實際上早已是人文之一領域，而對人生有價値，知道宗教是人欲由可知界達超知界——卽天人之際之一種文化，亦就夠了。

十　教　育

宗教是天人之際之一種文化，亦卽一由人文達超人文之境界之一種文化。教育則是傳播繼續人之文化於未來世界或廣大社會之一種文化。人類之未來，亦是超我們現在之所知的。教育家的精神，恒是以一宗教的精神，求保存繼續人類之文化於無盡的未來，使人類文化之生命，悠久而永在；並望由文化之普被於廣大社會，以使人類文化生命，日趨廣大無疆，而人人皆得以充實豐富其文化生活，提高其人格。教育之最後目的卽在作育人材。所以教育亦可以說是一種文化的生殖之事業、人格的生殖之事業。此與自然生命的生殖相對。世間如果無自然生命的生殖，則宇宙的生命人類的生命，早已斷絕。但文化中無教育，文化亦將斷絕。不過實際上教育與文化，總是同時存在。而且在社會一切文化領域中，都有一自然的教育在進行。教育的事業不必是自覺的，有一定機關的。家庭中有家庭教育，社會中有社會教育。人凡從事一種活動，而他人模倣之，同之學習，卽在受教育。人凡以一種道理告訴人，或指導人以一種動作行爲的方法，都在教育人。人在有文化的社會中，無時不在受教育與教育人。所以大農人教小農人、工店之師父教徒弟、老闆教伙計、長官教部屬、老和尚教小和尚、成功的藝術家教初學的藝術家、新聞記者著作家教讀者。反過來看，教學相長，教而後知學之難，一切學者亦皆可在一方面教教者。故一切人皆在互相教育。我們眞以此眼光看，則我們便知教育之無所不在。無教育卽無文化。我們可說教育卽個人文化活動，自然要求社會化之一機能，亦可說一切社會文化都是人與人互相受教育的成果。不過這一種教育是最廣義的教育。狹義的教育，是指有一定教育的機關，自覺的以教育人本身爲目的者。此卽所謂師生教育、學校教育。此是依被教育者之資質、年齡、心理，本一定之計劃、一定之程序、採一定之方法，而以造成種種適合於社會文化需要，而人格完善之人材爲目的之教育。然而無論是在廣義或狹義之教育，人皆必須依於求眞美善之心，以從事學習，而教者皆須依於一善意，崇敬文化之心，告人以如何學習的眞理；並多少以美感，引發學者之興趣，然後能收最大的效果。故教育是神聖的事業，同時亦爲人之求眞善美之心的表現。上所論人文九種領域，乃互相配合成一全體，可以繪成一圖來表示。但今姑從略。讀者可以會通全文，去自己繪出來，將更親切了解本文之意。

第五章　人生之智慧

前　言

哲學非詩。以詩之體裁，表達哲學理境，恒不免流於玩弄，而難盡理之精微。此文更不足以言詩。然世方溺於唯物功利之說，一指瞑目，一塵蔽天，不見其大。古人云：興於詩，立於禮。欲有所立，先須有興。則以略具情韻之文，尙論往哲精神；發思古之幽情，以興悱惻之心，抑亦大雅之所不廢。此文除第一、二段，唯在引端，未關宏旨外；餘尙論古人處，皆心知其意之後，作如是我聞之言。意在見彼百慮殊塗，歸於一是。復多以中土之陳言，表西哲之理趣。然亦未敢厚誣前哲，削足適屨。其偏重西哲，蓋因其立義較易引人入勝，非謂其理境之高，過於中印哲人也。世之君子，幸加垂察而明教之。全文端緒頗多，而實互相照映，亦頗有言近旨遠、文約義豐之處，初學未能驟達，宜反覆研尋，當終有悟處。若浮氣相臨，或不免失之交臂矣。

四十年四月

一、入夢所思。

二、訪哲人因緣。

三、唯心論者叔本華之感慨——盲目意志慧。

四、生命主義者尼采之超人理想——生命衝動慧。
五、唯物論者馬克思之悔悟——物質慾望慧。
六、理性的自然主義者斯賓諾薩——自然理性之道德慧——愛慧。
七、理想的理性主義者康德——自覺理性之道德慧——敬慧。
八、詩哲歌德席勒——藝術慧——和樂慧。
九、超越理境企慕者、理想國建立者柏拉圖——哲學政治慧——智義慧。
十、耶穌崇拜者奧古斯丁——宗教慧——謙信慧。
十一、儒家精神說明者子思——人性人文慧——全德慧。
十二、餘論——釋迦門前的談話——勇猛慧——空明慧——悲憫慧。

一　入夢所思

結廬在人境，長聞車馬喧。
文思何來遲，日昃不成篇。
投筆竟昏眩，任爾夢魂牽。

夢魂赴何所？乃赴水之湄。
宛爾乘長風，虛空任我馳。
漸漸凌霄漢，人間入望迷。
飄搖竟何之，四顧復踟躕。

我記起我第一次乘飛機的心境：
我下視人間，川原交錯，一切靜默，霎時大霧迷空。
我曾問：世界是有聲或無聲？是有形或無形？
但飛機機輪有聲，機中有人。現在才眞是一切寂寞無聲，一切芴漠無形。

太虛遼濶而無盡。
太虛安定而寧靜。
太虛淨潔而通明。
太虛無障礙，任我周行。
我正讚美太虛，然四顧此身無依恃，頓感孤零。

正是恒眞忠寂寞，寂寞求有人。鳥獸非吾侶，虛空何可與同情。

我記起中國的神話中，說后羿的妻子，曾吞不死之藥，而向月飛奔，

化爲嫦娥，回頭下視人間，而悔恨交幷。

「嫦娥應悔偷靈藥，碧海青天夜夜心。」

我不是要成一樣麼？我胸際縈廻這疑問。

我又記得曾見一電影名五十年後之世界。

說首先乘火箭炮直至月球的人。

他們眞高興、眞歡欣。

但是他們從望遠鏡再遙看地球，看見地球上所思的人影。

又不禁涕泗縱橫。

這都成了我現在的心境。

我懷念我的師友。

我懷念我的家庭。

我懷念我的故邦。

我懷念一切的人羣。
我的師友流離四散。
我的家庭兄弟飄零。
我的故邦正準備更大的戰爭。
世界的人羣，正怒目猙獰，誓不兩存。
拚死活，願同在核子彈下，化爲灰燼。
社會的進化有什麼保障？
我已看慣了歷史上的治亂興亡。
未來的前途在現在渺茫，
人類共同的努力應向何方？
誰知道整個地球，不會成爲整個人類的墳場？

聞道：太空中有千萬萬的星羣，
只有地球才有人。

如果人類戰爭都為了土地與財富，
如何造物者，不將人們分佈在那無數的星羣。
一人一個星，又是臣民又是君，深山有寶由君採，廣土大地任耕耘。
星光往來遙相望，能不相念又相憐！
然而世界竟不如此構造，未知造物是何心？

有人說人類原是地球的黴菌。
當地球無人的時節，
魚任游泳，獸任馳逐，鳥雀任飛騰。
而今的平原，那時都是豐草茂林，眞是天地長綠又長春。
自從人類這黴菌，佈滿了世界，搬造了人文。
地球失去了他本來的樸素與天眞。
人文對地球，只是虛文，那黴菌染織的花紋。
所以地球並不愛人類，地球願意讓人類自相殘殺以淨盡。
洗滌了黴菌，地球才重新再乾乾淨淨，還他的本眞。

但是這些問題我都不能細想。
我想他們只是開拓我的胸襟與心境。
我至少在情感上，不願想人類的毀滅，減低人類的自尊。
我在理智上，不能相信，一人一個星球是可能。
我不能忘我的師友與家庭。
我不能忘我的故邦與人羣。
我便不能不希望人類萬古長存。
我便不忍貶斥人類爲地球的黴菌。
我的「希望」，我的「不忍」，至少對於我，是宇宙間至實而至眞。
於是我的疑問，只變成如何可使人類長安寧而和平相處、人生畢竟有什麼價值的疑問。

二　訪哲人因緣

我的問題深遠，我的智慧低能。
我平日讀了許多書，到此竟有何用處。

名詞與文句，只是聲音與圖形。
義理一層復一層，剝蕉到底只空心。
我在此虛空中獨立，我將向誰就教，以啟予心？
我如此孤獨——
日光雖然遍照虛空，我不見我地上之影，我亦不能對影致情親。
我這時只希望看見任何一個人。

什麼是人間的敵我對峙，
什麼是人間的恩怨分明。
人逃到深山荒野與絕對的虛空中時，
才知任何人的聲音，都可使我感無盡的歡欣。
因爲只要是一個人，
他便可與我通慧通情。
我正在絕對的空虛與寂寞中，忽然看見一個十餘歲的小孩，自空中走來。

他慢慢的走來，跳躍復低徊。
行行重行行，天路兩旁開。
歷歷白榆夾道生，
小孩自稱智慧神。
自古學人終憔悴，
人生智慧在童心。
憐我苦思終不得，
言將携我渡迷津。

迷津何由渡？不識永恒終不悟。
爲問永恒在何方？
小孩遙指接天路。

這條路接天的地方，即是人性，亦卽人之神性，那是眞正的永恒。
這條路本身卽宇宙的歷史，人類的歷史——

即那永恒者的流露。
這是一四度空間的路，
往東下看，那是宇宙的前途；
往西下看，那是宇宙人類所經過的從來處。
爲君執障正重重，人性本原難了悟，東望迷茫盡煙霧。
唯有西望人類之歷史世界中，多多問訊百世以來之聖哲與學者，
或可爲君漸漸袪疑誤。
他們一一都尙在此四度空間路旁居住，君如願訪當同去。

我聞小孩言，此路縱貫時間而長存，過去當今皆並在，
如何逝者竟長留？古人不死伊誰待？
我之大愚何日靈？我之大惑終難解？

小孩說，一切請君勿自驚。
識此方知世界眞。

萬物自來無故故，惟有新新更復新。
世界如江水，萬物若波興。
只爲後波之上無前波，便道前波一逝永沉淪。
實則前波逝而實未往，——一切流變皆永恒。
識得江流千古意，
尙友何難見古人。

三　唯心論者叔本華之感慨——盲目意志慧

於是我們開始我們對於過去的學者聖哲們之十次訪問。我們首先訪問西方的學者，是叔本華，他住在一山洞中，我們問他們：

世界如何充滿刀兵？人生有何價值？世界如何能安寧？

叔本華先生答：

世界如何得安寧？此世界永不得安寧。
人生若將有價值，人生不是此人生。
憶我年三十，吾書獨早成。

（彼三十歲時出版其代表作世界如觀念及意志。）

哀哉女面獸，爲我喪其身。

（叔氏嘗言其哲學系統成後，則埃及神話中好作謎語難人之獅身女面獸 Sphinx ，卽自殺云。）

及今年衰邁，歷事理彌新。

信道更何疑？但傷稀知音。

玄言邈無旣，粗旨爲君陳。

曠觀天地間，萬象何芸芸。

昭臨在耳目，輻輳我心靈。

誰歟運萬象？向外求索，難知究竟因。

（言由外之感覺所得的聲音形色之印象觀念，不能知主宰萬象運行之物之本體爲何。）

回頭顧我身，聲音笑貌亦有形。聲音笑貌緣何出？生存意志爲之根。

我之無形意志流形表，物之萬形萬象應同根。

（由我之聲音形色，原於我之生存意志而生；卽推知外物之聲音形色，亦本於此同一之生存意志。）

唯彼大意志，潛隱本無明。

運轉無終極，慾壑渺難平。

如彼火山發，如彼瀑布傾。

熱惱相煎迫，虛實相追奔。

人生實芒昧，休矜萬物靈。

慾未足兮常苦悲，慾既足兮貪慾又相尋。

無所慾兮又無聊，悲苦、貪慾、無聊，交迭，是人生。

唯彼大意志，本一而萬分。既局形骸內，念念私其身。

君不見：澳洲有蛇截兩斷，首尾轉瞬還相吞。

芸芸萬類相瞋恨，何怪人間總不寧？

無明生癡愛，世間雌雄男女總癡情。
君不見兮有蜘蛛，雄飛從雌求交尾，竟忘雌者噬其身。
交尾完兮肝腦盡，死無悔兮，伊誰之命？
人間競說：男女歡愛多神聖，地老天荒萬古情。
追根究本從頭看，人蟲畢竟有何分。

我道人生只癡愛，我道人生只貪瞋。
癡愛貪瞋，織就重重繭，人生長此住無明。
萬劫貪瞋終不改，殘殺何須論古今。
聊自慰情在何所？人海茫茫，唯有慈悲美與眞。
盲目意志須求絕，虛無寂寞是天庭。
絕之不盡還再起，世界何日風波平？

蒼涼宇宙悲無極，慚愧平生未守仁。
欲識美眞兼聖善，何如請教彼仁人。

四　生命主義者尼采之超人理想——生命衝動慧

我聽了叔氏的話，覺其要引發人之悲憫之情是對的，悲憫之情實是人所當有。但是此悲憫之情，應根於自覺的仁心，而叔氏於此未透。其次，悲觀而只是感慨，鄰於絕望慘淡，總是不好的。對於人生與社會文化，應當有比他所言更積極的加以安排之道。於是我們向他告辭。我們商定在求教其他我們更佩服之哲人之前，先去看看尼采與馬克斯。尼采住在一懸崖上，馬克斯住在一懸崖下。我們見到尼采，他已知道我們從那裏來了。

我知君來處，叔氏本吾師。
余少懷憂患，人生長若謎。
爲讀叔氏書，若袪千載疑。
始終竟異趣，蒼茫自詠詩。

拌世諸賢哲，我思達爾文。
萬物爭繁殖，造化本無心，
順應唯所遇，適者得其存。
自然固殘酷，汏雜始留純。
進化由此路，何必動悲情？

我情寄何所？寄彼生命根。
唯此生命根，匪特求生存。
嗟乎叔氏與達氏，于此一間不達隔千尋。
此根恆求超越戰勝外界與自己之過去，推倒萬古以趨新。
生命進化由斯出，權力意志此根名。
（尼采權力意志一書多發此意。）
生命進化若長流，枝分派衍到而今。

猿到人，人應再進！中天懸繩索，勇者願攀升。

平流丼進，自來無此事；不須等待，汝當獨立奮起作超人！

超人居何處。乃居山之巓。俯瞰世間人，如人之視猿。

人世多苦辛，愼勿動悲憐。

悲心引汝下山去，隨人俯仰化庸凡。

（尼采「超善惡之外」與「人道太人道」等書多發此義。）

超人不憐人，豈復眞殘忍。

超人不憐人，因其不自憐。

超人不畏苦，萬苦任相煎。

能於劇苦得歡樂，人生智慧最無邊。

若問世間衆苦何由拔，盡在超人歡樂智慧前。」

（尼采歡樂的智慧一書發此義。）

我有最大敬，敬彼眞能藐視我之人。

我有最大愛，愛彼未來之超人。
我有最大忍，願忍彼永遠重複此生一切事之輪迴與再生。
我有遙情人不識，相將呼我是狂生。」
君若問世間安寧道，
駱駝負重獅子吼，化爲小孩長欣欣，超人超人，如日之升。

（尼采著查拉圖斯特拉始於望太陽之升，書中謂人應由駱駝獅子再化爲小孩。）

我聽了尼采的話，我想他的教義，亦有價值。我並袪除了我對他平日許多耳食的誤會。但是他的歌頌權力意志終是流弊極大。人求超越其自己，以求拔乎流俗，於苦痛中得歡樂，並有一對於未來人之遙遠的愛，都很好。但因而反對慈悲，則理由終不充足。他的平日的文章，終是煙火氣重，總有一根本毛病在那裡。

五　唯物主義者馬克斯之悔悟——物質欲望慧

我們看了尼采，於是又到崖下，去看馬克斯。雖然馬氏並無眞正的人生智慧，而且其思想流弊更大。但是共產主義社會主義之精神，原出自貧富不平之正義感者，我始終寄與尊重。他答我們的問題之話如下：

我觀世界事，不是詩人心。
萬彙皆矛盾，人間只不平。
上帝吾不信，天國夢難尋。
太初有何道？星雲轉不停。
太陽何日有？地球何日成？
遙想混沌初開際，本無生物與精神。
物質變化成生物，生物進化有吾人。
人生原是出塵土，一朝化往再成塵。
人生在世，自古須衣食，勞働生產實艱辛。
生產工具懸人命，一朝私佔後，階級漸分明。
悠悠歷史幾千載，階級利害長相爭。
自來政治法律道德果何用？爲彼特權階級保昇平。

古今聖哲文人皆辯士，辯彼階級剝削，卽地義，卽天經。
今之資本階級尤可恨，契約自由徒虛語，千萬勞工盡賣身。
剩餘價值由他取，機輪軋軋也訴不平。
若要報仇還雪恨，我鼓勵千萬勞工組織去鬥爭。
君知否？資本主義發展到而今，與生產力之矛盾，難解復難分。
資本家互相併吞人日少，無產階級人數增復增。
資本階級不倒將何往？歷史注定豈容情？
一朝無產階級革命後，再一度專政，
無階級社會，從此便來臨。
此時一切生產經計劃，人人各取所需盡所能。
生產力發展兮無盡，人生享用兮亦無盡，
世界從此長安寧。

馬氏說完了他的思想，看看天上的雲彩，望着我身邊的智慧，他忽然若有所悟。說：我想我之經濟理想不會大錯，但是我到今日方知我的整個思想太單純。

我不知：唯物論是否哲學中唯一的眞理，在本原上藐視人生的哲學，是否能提高人生？

我不知：我對人類歷史文化之估價，是否欠公平？

我不知：哲學、科學、宗教、道德、藝術，以至政治經濟之文化，在本原上皆係根於人性中之理性。

我不知：理想社會中除經濟外，其他關於人之社會文化生活，當如何安排，才至當愜心？

我不知：人之人性、人之理性、人之精神，在文化歷史中與社會上之眞力量。

我不知用非鬥爭方法之人，如孔子、耶穌、甘地，及無數善良的人們，都曾把社會來改進。

我不知眞要實現或保存合理的社會、人類的和平，必須根據於一超唯物論，不以鬥爭矛盾爲第一義之人生哲學與文化精神。

我不知：在一理想社會，除生產當求有計劃、人之享受接近平等外，如人有相當私產，能由他自由運用，不受集體的社會與政府之權力之控制，人才眞能自由表達其政見與思想；人才有財物互相表示恩情。

這些問題我今日才知道，我都未眞透闢的想過，我平生實只在經濟問題上用過心。

我現在才深感：世界若有不同的國家，和平相處，各發展其文化，如萬卉爭榮；

比以一個極權國家征服世界，所成之世界大同，固然好萬倍；比莫有國家，只有一有絕對權力之世界政府，亦更合人情。

平心論，我在世界時所表現之人生文化思想，不過出自我一腹的對當時社會特別顯著的勞資關係之不平的怨憤。再與根據當時之自然科學而生之唯物論，及自利主義之心理學，三者結合之所生。然而，我只是反省我對社會感不平之「正義感」，我便已深覺不能以唯物的眼光，與我個人之階級利害去說明。

何況用唯物論去說明人類之整個歷史與文化，指導整個人類文化的前程？

我想關於這些問題，你們還是多去求教東西大哲人。

我們從馬克斯之屋中走出，我深喜他最後一段坦白而謙遜的話。我反對他，只是反對他不知人性，抹殺人理性精神在世界之地位、抹殺古今聖哲人格之價值、歷史文化之價值，其社會文化理想之太褊狹而不完全。然而他到了天上此崖邊居住，竟然如此進步，而去掉他平昔獨斷的態度。可見人只要不雜私意，而平心靜氣時，智慧總是清明的。然在今之世間上學術眞理，皆成爲人之奪取或維持政權之工具時，便永遠說不明白了。

六　理性的自然主義者斯賓諾薩——自然理性之道德慧——愛慧

我離馬氏屋，拾級登坦途。皎日照白榆，樹影亦扶疏。
我心固已閒，還向智慧語：「哲士亦已遠，君情更何如？」
智慧答我道：
「伊彼三哲士，才情我焉如。
理趣皆可喜，至道猶未孚。
激蕩世人心，意氣何日舒」？
回首笑視我：「吾只愛吾徒」。

行行重行行，來登隱者居。
言是磨鏡為生哲人、斯賓諾薩住。
尊彼自由理性，外絕塵勞，應千古。

斯氏答我言：（此下多本其致知篇）

「嗟余既棄世，獨學寡儔侶。
爲念平生志，懼同草木腐。
潛心觀世態，人情人慾何紛如？
亂源何日清？治絲竟益棼？
今我論世事，人之自由理性首當尊。

理性何由出，出自心清明。
清明映萬理，天秩天序自昭臨。
君不見彼幾何學，點線分清公理定，妙理如環絡繹生。
應用幾何研物理，機械文明泣鬼神。
孰能觀彼人間情慾如點線，而不動情慾，亦有如環妙理來相親。
識得人生眞理後，應用何難至太平？
嗟彼人間盡被多情多欲誤，情上觀情不得眞，——以慾攻慾，世界何時寧？——

憑君勿笑哈哈鏡，人世相看，盡是哈哈鏡裏人。
左顧右視總歪曲，
何如心靈之鏡自磨平。
時時拂拭塵埃盡。
哲人大慧尊理性，多情應似總無情。

問余有何慧，難哉以言明。
吾書乃是人生幾何學，一一義諦皆以幾何學方式論（此下指其倫理學一書）。
若非君能識得，一一定義、公理、定理、與系論，
空言歸結語，深慮無以釋君疑。
孤負君心吾不忍，聊投桃李報光臨。

我說人生事，大智生大愛。
茫茫大自然，羣生茲覆載。

神明匪超越，造物實遍在。
自然即神明，神明誠絕待。

欲識自然眞，要契神明性。嗟彼唯物士，唯見物紛陳。
道術天下裂，萬物徒相爭。
自然有深處，萬物皆渾淪。
渾淪見太一，無限生德存。
試問萬物若無太一爲之本，交感相生何由成？萬物生生曷不停？
識得太一眞長在，方知生死流變皆永恆。
詩人歌德知吾意，爲我頌詩言萬象：
「生濤中，業浪裏，
死而生，生而葬，
永恆者大洋，永生者波浪。」偉哉自然無盡藏，富哉海上之波浪。

嗟彼唯物士，觀物只浮層。
非謂世無物，與物相依更有心。
若謂心無有，思彼物者是誰人？
若謂心爲物，思維之心非有形。
若謂物生心，無形思維，如何自彼有形生？

人道：「太初只物本無心」，此事渺茫誰證明。
山有木兮木有枝，物有心兮君不知。
睡眠豈復無思慮，思慮暫隱入湛冥。
自然深深深不盡，有無豈可看浮層。
縱謂太初只有無情物，怎知無情深處，不是最多情。
寶物深藏輝不露，海底龍吟君不聞。
龍吟出海發長嘯，才知海底本龍庭。
欲識自然深處事，只當由果以知因。

果之所有因中有，否則如何有果生。
我既有心君亦有，生我之自然，深處豈無心。
識得此心此身，同在自然原非客，人乃有根非浮萍。

嗟彼馬氏徒，只知矛盾與鬥爭。
其徒謂人間一切知識，一是用與自然鬥爭，一是用以與人鬥爭。
鬥爭以垂教，世界豈能寧？
迢迢念先哲，悲愛垂訓何諄諄。
何出不肖子，唯知刀鎗劍戟是人生。
我願承先哲，異彼馬氏徒子與徒孫。
人生眞知只二種：一爲愛自然，一爲愛人生。
自然既神明，神明卽太一。人自太一生，愛卽太一魂。

人皆知愛我，人皆愛其生。

觀彼人間愛，愛果必愛因。
君若贈我扇，見扇憶君情。
愛花愛根幹，愛詩愛詩人。
愛我愛父母，愛彼江水愛水源。
故眞愛我之生存者，必愛我所自生之自然。
愛己而不愛自然，卽與理性相矛盾。
人依愛果愛因之理性而愛自然，卽所以充自愛之精神。

我自自然生，我又愛我自己與自然。
故我愛自己與自然，卽自然之愛他自己。
由此遂知，愛卽自然太一魂。

人皆知愛我，人皆愛其生。
人苟依理性，卽知人我同一性。

人我同一性，故利人卽自利，
愛人卽自愛，二者更何分？
盡己之性卽當求盡人之性，
人之愛自然與愛人，一一皆依理性生。
此義豈吾所獨有，古今聖哲實同心。

七　理想的理性主義者康德——自覺理性之道德慧——敬慧

見了斯賓諾薩後，我們再去訪問同樣尊重理性，而更著重理想與人道之尊嚴一面之康德。我想合他們二人之言，我們便可了解什麼是理性了。康德住在一亭臺之上，他說：

斯氏言理性，出自心清明。
以彼清明心，識彼存在萬物之眞理與眞因。
再由理性愛，寧己更寧人。
今我言理性，當自心之「理則」「律則」尋。

此心理律，彌綸萬象復超越，成知復成德，立己復立人。
斯氏之理性，在求守宇宙人生之大法；吾之理性，在立彼宇宙人生之大法。
人能立法兮，方見人之尊。
斯氏重彼人生愛，我則重彼人生敬。
既敬彼自然，亦自敬我人。
星空肅穆行何健，吾心德律更尊嚴。
平生唯念此二事，不婚兼不宦，寂寞度百年。
（康德自言世間，引起彼無盡虔敬之情者，一爲頭上之星空，一爲吾心之道德律。）
難忘最是林前路，暮暮朝朝成獨步，
（康德原是每下午必出獨步。）
路上行人應念我，念我平生敬路人。

我所思兮雲外塔，欲往從之山水深。
搴裳渡湍瀨，峻嶺何嶙峋。幾回地崩山摧壯士死，然後天梯石棧步行人。

崎嶇到頂行匪易，還須上塔幾多層。
千里目兮誠廣大，攀登總待有心人。

所知自然果何物，唯彼現象向我呈。
現象綿綿相佈列，前觀旣無始，後際新新更不停。
細入毫芒內，大至星雲更無垠。
七尺之軀亦何小，電光石火百年身。
然若非我之感覺能力亦無盡，安識蒼穹大此身？

感覺恃誰知大化，恃彼時空十字架。
方圓曲折復橫斜，都是空間之格劃。時日年歲與世紀，都是時間之格劃。
芸芸萬物無窮種，各佔一段時間一片虛空。
整體時空更無限，萬物佈列時空中。
而我心能呈彼整體時空之十字架—爲感覺之理則—以囊括萬物于其下。
身在萬物中，心通萬物外。

七尺之軀固藐然，心能知彼小，正見此心自巍巍。

感覺只將現象呈，欲成知識待辨識。（卽理解）

辨彼「同異」「一多」與「體相」，辨彼「因果」與「交攝」。

辨彼「或然」「實然」與「必然」，一一皆顯吾心之理則。

吾心運此諸理則，然後知識成。

知彼事物果有果，知彼事物因有因。

果果因因無窮盡，我心理性共流行。

因果參差復交錯，律則還須次第明。

七竅鑿兮混沌死，知識世界開門庭。

風清日麗春光好，乃知天地卽乾坤。

（天地以物言，乾坤以理言。）

天地自古有，混沌長悠悠。

乾坤建立心之德，乾坤立後斯心立。
識得此中雙立意，乾坤與我遂並生。

人心理性有二種，純粹理性主乎知，實踐理性主乎行。
純知唯能識彼現象之抽象律則，不達宇宙人生大本根。
往復推尋終入幻，人生在世總飄萍。
原來知識世界雖成立，眞我大用未流行。
唯彼實踐理性見于道德意志，乃顯彼自由眞我通神明。
道德意志非求樂，唯求循理克私情。
克彼私情天理見，自命自主者，皆可行於人。
言而可爲天下法，動而可爲天下則。
我乃由斯而爲能立普遍律則者，我乃由斯而有絕對之良貴與自尊。
我依理性，又知彼凡有理性之人，皆同有此絕對之尊貴處。
同爲一能立普遍律則者，吾乃對任何人亦有一絕對之崇敬。

人人皆為一目的，人人同是通神明。
何可稍存利用意，侮人亦卽侮吾理性心。
人人依理相尊敬，亦敬他人用理性。
大自由兮大平等，一一皆由理性生。
嗟乎共同立法之民主政治何根據？
正在人人皆是平等的依理相敬之自由人。
彼唯物主義功利主義，不知敬人，但自權利爭衡說；
歧路亡羊何日返，歸彼極權成暴君。

世界民族雖差別，心同理同同為人。
但自此人之所以同為人處看，何可相壓、相凌、相奪、長相爭。
戰爭皆由尊彼暴力起，能尊理性乃和平。
余書永久和平論，此義人間久不聞。

八　詩哲歌德席勒（Schiller）——藝術慧——「和樂」慧

我們離開了康德，乃往見歌德與席勒。他們同住一瀑布邊之花園中。人類文化生活中，除經濟科學道德以外，文學藝術是很重要的。雖然歌德在文學藝術上成就大於席勒，論人生之箴言可取者亦甚多。然而談到對於人生與美之本質的關係上，歌德今天卻說：「席勒吾畏友，思深吾不如。我想席勒之所說，我在原則上一定同意，你們還是請他講他的審美的人生觀吧。」於是席勒參照中國人的審美精神答我們以下的話。（以下多根據席勒全集中美學書札及美學論文之一册）

甲

吾雖習文學，亦爲康氏徒。
偉哉康德三批判，
吾獨愛彼最後所著，論自然與藝術之第三書。
惜乎此書涵義多未申，重要價值或忽諸。
知識求眞，明現象之抽象律則。
道德志善，顯眞我之實踐理性。

求知應冷靜，立德在嚴正。
吁嗟乎，理性、現象於此終相距，
冷靜、嚴正，無歡趣；
唯彼美爲眞善媒。
通彼感覺現象與理性，通彼內外、心物、我與人。

乙

「仰視碧天際，俯瞰綠水濱。寥闃無涯觀，寓月理自陳。」
雜多有統一，萬殊莫不均。
水有淪漣風有韵，韵律、對稱、和諧、比例，皆律則，直在聲音相貌呈。

自然美兮無不在，葉葉花花皆世界。
一花一葉尋常物，一一皆足寄深情。
此情深深深不盡，直達自然深本根。

此情豈復是私慾，原來正自無私出。
忘機乃見雲出岫，忘言乃聞溪水聲。
溪聲便是廣長舌，山色莫非清淨身。

「羅帷舒卷，似有人開；
明月直入，無心可猜。」
有心何似無心好？多情不若無情妙。
無情無心觀化理，聲無聲兮形不形。
溪若是聲山是色，無山無水好愁人？

有形無形，有情無情，有心無心皆不是，雙忘物我見天心。
天心直向余心落，傍花隨柳成大樂。
此樂實從天上來，還來淨化吾私慾。
私慾除兮天理見，吾獨樂兮願人樂。

內外、心物、情理、德樂、人我之矛盾至今銷；美之價值何可忽。

丙

偉哉大自然，天地雖大猶有憾。
文學藝術美，人格行爲美，乃見人生之參贊。

人固多憂患，人固多情慾，
內熱何時寧，營營向外逐。
自由游戲中，解我平生縛。
藝術文學何所似，皆是自由遊戲之創作。

伊彼自然美，由彼聲色之有形，見無形之天心；藝術文學美，表現我心中無形之情蘊、想像、意境於聲色之有形。
表現果何爲？主觀皆作客觀呈。
情動於中不自已，手舞足蹈難自止。

既舞且歌又詠詩，顯彼疾徐、高下、鏗鏘理。
從此我心人共見，悲笑相看更不疑。
我有悲苦兮，表現卽洒脫。
我有歡愉兮，表現成眾樂。
有諸內者形諸外，人間由此生誠信。
悲相慰兮樂相生，人間由此見恩情。
移風易俗莫如樂，耳目聰明血氣平，家國天下和且親。

丁

宇宙最大美，莫如人格美。
文藝之創作，猶是身外物。
唯彼人格美，君子美其身。
可欲之謂善，有諸己之謂信。
充實之謂美，美乃生光輝。
故彼眞有德，睟面盎背，形乎動靜見乎行。

誰知藐然七尺軀，氣象威儀卽道存。
或如泰山喬嶽何高卓！
或如和風甘雨何溫純！
或如霽月光風何灑落！
或汪汪軌度，如萬頃波。
或委委佗佗，如山如河。
人物氣象之優美壯美類何限。
皆彼踐彼形色之人格精神，直呈於自然。
此義唯貴國儒者言禮樂，能極其義至此，余雖有志而未逮焉。

九　超越理境企慕者理想國建立者、柏拉圖——哲學政治慧智義慧

我們看了歌德席勒決定再上遠山上，希臘神廟中，會柏拉圖。柏拉圖對於人類文化之永恆的貢獻、在其哲學與政治之精神。他答我們以下的話：

（甲）

我乃希臘人，不同近世哲。
近世哲人重系統，此乃始自吾徒亞里士多德。
亞君以前諸哲人，唯重開闢諸理境。
吾順吾師蘇氏教，任隨理性引吾行。
設問設難自答還相答，唯期曲盡理之所引申。
憑高極遠測深廣，如彼今日探照燈。
直達九霄雲外去，東西南北任馳騁。
光輝射天交何所，閃爍七星唯斗柄，
北極迢迢在天際，何怪吾書眞義多爭論。
故我今不能告我之系統誠何似，但能略述吾哲學之精神。
哲學原何物？其名爲愛智。
偉哉吾師教，愛智當自「自知無知」始。
唯自知無知，乃能眞愛智。

愛智非只愛外索之知識，乃愛「眞知汝自己」之智慧。
此中卽愛，卽智慧；卽德，卽人生。
斯氏言由智生愛，康德言智外有德，其所謂智，與我異義唯同名。

(乙)

人生果何爲，根本唯在求超升。
人生在洞穴，幽暗迷本眞。
依稀漏日光，憧憧往來，唯見眞實世界什物影。
叔氏悲觀敎，尼氏超人敎，豈曰遂無因。
然此超升將何往？尼氏固不識，叔氏虛無寂寞之言亦未瑩。
吾謂人之求超升，乃嚮往彼無限之靈境。
靈境非空幻，其中萬理如天星。——萬物之理皆其影。——
萬理統率在何所？
「至善至美」爲之君。
人生最貴貴何物？

萬物變化若飆塵。
人人皆求不朽道，（Symposium Phaedru s 言此義最好）
子孫、事業、留名聲。
子孫有盡名終滅，人世何由達永恆?
唯彼萬理如星，光永在，
寄情靈境，乃得證無生。
伊彼靈境之至善至美之理想，引吾仰企而向上，
乃見人之哲學大愛情。

此愛原自靈魂深處出，
此理亦自靈魂深處明，
乃知吾之靈魂原自住靈境，
惟因墮入肉身忘本性。
前世相親情不盡，

沉淪俗世，還求振翼再超升。
超升返故居，復我本來性，
憶我前世情。
此義人言太神秘，誰知不達神秘，不能達於至美至善之靈境，引出哲學大愛情。
君不見人間兒女寶玉黛玉初相悅，
正是宛若前生曾相識。
唯此似曾相識念，引出相思海樣深。

（丙）

我心寄彼界，豈忘世間人。
憫亂傷時久，理想國與法律二書成。
二書誠博大，二書實精深。
欲建理想國，當先知人性。
人性固有智慧能慕眞理與美善，人性亦有意志與慾情。

慾情引人溺形骸，猶如黑馬亂奔騰。（相當於叔本華所謂意志）
唯當彼智慧心君爲御者，心君不昧自淸明，
意志隨君命，黑馬乃於正路行。
此時慾情得其平，靈魂和樂且安寧。
一日心君自闇蔽，意志沉淪助慾情；
黑馬奔騰入迷道，靈魂顚倒何日寧？

建彼理想國，亦當如一人。應有智慧哲人爲之君。
智慧哲人知人性，方知如何教萬民。
國家應以教化學術爲之本。
武士保國，尙勇奉君命。
農工勤儉，生產裕民生。
人人一一得其所，各有其德盡其能。

相異相生成萬物，相配相和成太羹。
如此國家乃永寧。
如彼治國不知隆教化，徒知歛聚財富尙武力，萬世何能得太平。
我之理想國之具體內容，雖多已成陳迹，然其根本原理亦歷久而彌新。
夫「彼政治必依於人性」，「人性有高下，高者應統率低者」「政治必建基於德慧，亦所以養人之德慧」，「相異者之相成相和爲正義之本」——諸義，皆可質諸東西南北之聖哲而無憾，建諸天地而不悖，極彼高明道中庸，輝光永耀如彼日月星。

十　耶穌崇拜者奧古斯丁——宗教慧——謙信慧

我看了柏拉圖以後，我覺得斯賓諾薩重愛，康德重敬，席勒重美，與柏拉圖之論政，都可互相配合圓融，不衝突。只是柏拉圖論哲學之愛情時，承認一超越的靈境或理型世界，以理本身爲永恆。我覺難把握住理之永恆性。於是智慧告我道：其實要了解理之永恆性，並不必從理自身之絕對離心而自有其永恆存在性上想。柏拉圖亦未必眞以理爲絕對離心而自有其存在性的。實際上我們只要認識任何的眞理，而了解他是在任何時任何地皆眞，我們卽已認識其永恆性。——如二加二是四，卽在北極與南極、在盤古時與宇宙末日同是眞——卽有永恆性。其他一切眞正的眞理皆然。如我們本文以前及以後所講之關於人生之智慧，若是眞理，亦便都是有永恆性的。以至敍述一件歷史上的事的眞理，如項羽曾自殺。只要歷史上已有此事，此話一說出，亦是永遠不會假的。認識眞理有永恆性，我們才能對眞理有信仰。所以柏拉圖之此一段話是極重要。於是我才莫有疑惑了。我由是更覺哲人之可佩。於是我又向智慧道：「我見了柏拉圖以後，我還想見見東方之無數聖哲如耶穌、釋迦、孔子及其門徒等。」但是智慧道：「你一日之內見的人太多，你將辨不了其中細密的差別。而且孔子耶穌釋迦是至聖。至聖是不多說話的。他重要的是以行事人格，與人相見。你要知耶穌孔子之教之精神，我可帶你去看看奧古斯丁，與據說曾作中庸之孔子之孫子思。」我們於是先去看看奧古斯丁，他仍在一中古寺院中住。他簡單的同我們說了一些關於基督教精神，可補足柏拉圖之教之處。人類文化中，除經濟藝術與哲學政治外卽宗教，所以我特別專心聽他的話：

（甲）

柏氏見理極高明，未達高明最上層。

柏氏於彼之至善之理念下，設一宇宙魂，以連接至善之理與物質材料。

彼尙未知有絕對不待任何物質材料，而直接創造天地之上帝——爲絕對之精神。

上帝卽至善，亦卽彼至眞，萬能復全知，無限復永恆。」
彼自虛無中，創造天地與萬物，再依其形像創造人。
人自受誘惑自沉淪，乃命獨子降世間，爲人贖罪救人魂。」
人類原罪深復深，唯由受苦乃超升。
空言向上企慕得何道？原罪深深在汝魂！
若非耶穌爲人贖罪，釘彼十字架，受苦無疆再復活；人生只合永沉淪。

（乙）

上帝是否有？此義實難明。
若謂上帝無，如何人有上帝觀念生？
若謂上帝有，感覺之中又難尋。
上帝存兮或不存，哲人議論徒紛紛。
今姑退我平生思想一萬步，姑謂上帝或不存。
然人能念：耶穌對人無限愛與無限犧牲；無限愛與無限犧牲，從此住人心。

人能念：罪須由無限愛與無限犧牲贖；卽知我不能有彼無限愛，我卽尚未成完人。

人能念；耶穌死而再復活，卽知人自有超越身體以上之純粹精神生活、與永恆之生命。

人能念：苦痛可以贖罪，人卽常能藉其所受苦，以自啟其神明。

何須問上帝自身無與有，當知人能念無限永恆之上帝，而信仰之，卽見人生之一絕對忘我之至誠。

至誠忘我無他念，唯念上帝眞與善，

自視自己與世界本無有，自視此身全是罪，此見人生大卑謙。

自覺有罪而懺悔，再將自己靈魂之得救與否，付託諸上帝，以生大信托大祈望，此卽忘我卑謙眞效驗。

忘我、卑謙、懺悔、信托、祈望，正是人生向上本，上帝縱無，何妨信。

一信之後更不疑，何須更求理憑證。

信到安心立命處，信之憑證卽此信。

哲學到此果何能？言思路絕只虔誠，

至誠至愛，依彼上帝耶穌之志愛人類，人與神兮共一城。（Augustine 有上帝之城一書）此卽基督降生眞意趣，西方人生智慧最高層。」

十一　儒家精神之說明者子思——人性人文慧——全德慧

我見了奧古斯丁，我想他因爲知道我們現在一般人不易接受宗教眞理，所以講得特別少。我覺得關於上帝自虛無中創造世界，是很難使人了解。但無論如何，人心能信一絕對精神之存在，是可以提高人之精神生活。宗教之價值，確是如他之所說。只是我覺宗教家常不免把上帝推得距人心太遠，只說人生有罪，亦有太貶斥人自己之流弊。人能自知有罪，同是證明人所理想之眞美善之標準，亦在人心。人能信上帝，亦證明上帝卽在人心。上帝卽無限愛。無限愛應當原是在人心中，此卽人心之仁性。我想儒家之子思，一定贊同我的意見。於是我們遂去看子思，他住在一平民之家之客廳中。我相信儒家之人生文化理想，能在根本原則上，貫通包括上述之各種人生理想文化精神；對人性與天道，科學技術，道德，藝術，哲學，宗教，政治，經濟之價值，皆與以一肯定與安頓。我希望子思代表整個中國儒家，照映着我們今日所遇之諸哲人之思想發言，並可與他們的話配合起來，成一和諧的人生文化之理想。他說：

（甲）

中土有大慧，三才天地人。
人頂天立地，備物通神明。
至善至美匪超越，天國靈境在吾心。
信我天命之性原至善，信彼神之大愛卽吾仁。
懺悔卽改過遷善；向上祈望，何如志氣更如神！
大禮大謙卑法地，智崇應效天高明。
我有天神天明照四方，旁皇周普更無疆！
柏氏萬理如星嫌閃爍，何似銷爲日月光！

（乙）

日月光輝長在望，大地山河呈萬象。盡在春陽煦育中，魚躍鳶飛草木長。
自然萬物，盡是我之仁德生德流行處，康德之物我界劃何須有，易無體兮神無方。

神化無方生復生，生生不已皆交遍。
千江有水千江月，萬里無雲萬里天。
江畔年年長見月，年年長照採蓮船。
蓮葉田田自相蓋，才知一葉一世界。
一本萬殊殊是本，殊殊本本更相成。
斯氏（指斯賓諾薩）以一攝多猶有憾，須知萬物萬乾坤。
格物窮理無窮盡，科學哲學于玆生。

（丙）

人在世界果何事，參贊化育成人文。
人生固自飲食始，求生未必是私情。
觀彼天降膏露地出泉，
萬物相感相生無私吝。
利用厚生原本分，何必都言是鬪爭？

觀象製器備萬物，物盡其能竭其情。
用物惜物還愛物，依仁游藝，成己更成人。
卽此便是贊化育，人生以此報天恩。

（丁）

依彼仁人志，常懷克己心。
克己卽超己，超己顯本心。
循理懷忠恕，處處竭吾誠。
何分咫尺與千里；何分往古與來今？
愛與敬兮無不運，妻子好合鼓瑟琴。
兄弟翕和父母順。
敬彼祖宗與子孫。敬彼前賢與後生。
敬彼國人天下人。敬彼人類與其歷史文化之全程。
敬彼天地間萬物之並育不悖，小德川流，大德敦化無窮盡。

又敬此永懷無限敬意之本心常惺惺。
超人果何有？如斯學聖卽超人。
尼采若能知此意，誰能視彼作狂生？

（戊）

盡性成人已，大用在人文，
偉哉禮樂敎，立彼天地心。
樂乃動於內而形於外，禮以治其身者養其心。
樂主愛近仁，禮主敬近義，樂極和兮禮極順；
樂者藝術之精神，禮者道德之形乎動靜見乎行；
皆通乎天地而涵宗敎哲學之精義，用於社會而爲政治經濟之本根。
樂者天地和，禮者天地序，樂主同而禮主異。
天高地下，萬物散殊禮制行；流而不息，合同而化而樂興。
和序、同異、一多，原不二，禮樂相成見太一。

是禮樂通乎宇宙本根與哲學宗教者。
樂至則無怨，禮至則不爭。
貨惡其棄于地，不必藏于己；力惡其不出于己，何必爲己身？
講信修睦，選賢與能，天下爲一家，中國爲一人。
人各盡其能成其德，相勉於共成賢聖，相養復相生，是禮樂之通乎政治與經濟者。

（己）

嗟乎，神何由降？明何由出？聖有所生，王有所成。
皆由盡心盡性，使仁道昭明，禮樂隆盛，教化大行。
亹亹人文世界之大美見，人乃爲天地立心，百備至盛而無憾。
神明既降，天德流行，終和且平，長安且寧。
識得此中廣大無邊教，才知人性、神性、人文原不二，從此君心達永恆。
再才知人類歷史，即永恆之人性逐漸於障礙中流行，以表現其自身之歷史；亦即人之人生理想、文化理想，不斷奮鬭以實現其自身之歷史；而對人類之人生與文化理想作進一步之了解，求所以實現之之道，亦卽吾人之責任。

我聽了子思代表儒家講的話，雖是覺得其太渾括，不能十分了解。但是我相信他一切的話，都是多少對照着我以前所遇之一切哲人說的。儒家所謂人之本心本性卽通於天道，涵攝着耶穌之愛與柏拉圖所謂眞理世界。儒家之自然觀，包括斯賓諾薩與席勒之看法，而更着重自然萬物之相感攝，一物一太極，一物一絕對之義，因而使儒家之自然世界更寬廣。使人在天地間，有袖裏乾坤大，壺中日月長之感，人與人的關係亦更寬舒疏朗。儒家之言愛言敬，又包括斯賓諾薩與康德之言愛言敬之義。但是儒家講人與人間之愛敬，更是直接而具體；不似斯賓諾薩之講人與人間之愛，要通過自然才能講；亦不似康德之言敬，好似只以他人之超越的理性自我爲對象。儒家同時綜合諸哲分別所注重之不同文化，如道德、藝術、文學、政治、經濟、宗教、哲學，以成儒家之以禮樂爲本之最廣大的人文主義之精神。六藝之敎，除禮是道德之精神與其表現，樂是藝術之精神與其表現外；詩是文學，易是哲學宗敎，書是過去的政治經濟，春秋是由評判史事，以展示一整個的社會人倫之理想。儒家精神，不似上述諸家之只偏重一面，而更具涵蓋性。儒家亦未嘗不知，人在自然界生存，須賴生產技術之進步，物質文明之發達，以利用厚生，但是他只視人人皆得裕其生，爲人形成其有德慧之人格之一條件；經濟分配上之求公平，只是整個的人文社會中之一事。他決不如唯物史觀之以經濟爲能決定一切。而且在儒家之理想的社會中，肯定不同國家之獨立存在，望其各發展其文化，以和平相處；亦不主張政府全部統制民間的經濟，由此可以免除一國征服世界及極權政治之流弊。儒家不講超人，但是他要人立志超越他自己而向上。儒家不如尼采之以生物眼光看人，不重權力意志。但尼采之堅忍的精神，聖賢學問中亦包含着，因仁者必有勇。儒家不如叔本華之悲觀，他不願意多說人生之黑暗面，以使人輕賤自己。但是我們卻可從叔本華之所說，更想到人生應該求向上之道理。於是我們以前所見諸哲之言，雖一一皆自有千古，然亦都可姑當作儒家精神之說明看。而且我相信我們藉諸家之言，以充實儒家之精神，亦能使儒家精神，更致廣大而極精微。

十二　餘論——釋迦門前的談話——勇猛慧——空明慧——悲憫慧

我聞聖哲教，令我心靈開。
大道今得聞，吾生有事在。

轉瞬生悲戚，羣疑去復回。
聖哲理想誠可愛，人類過去歷史文化，亦復多光采。

然人間聖哲亦何少？歷史光榮去不回！
我舉頭唯見，人間罪惡生殖無窮盡；彼眞美善兮，旣難永在亦難培。
君不見人間嫉妬殘忍多于愛，矜驕侮慢多于敬。
世上幾人愛眞理，虛言僞語淆正聞。
世上幾人好美善，庸俗醜怪徒紛紛。
詩人哲人抱孤憤，自古儒冠多誤身。
莊周家貧如涸鮒。屈原江畔獨沉吟。
蘇格拉底自飮酖。耶穌甘地死非命。
釋迦說法應寂寞。孔墨一生道不行。
何況人間偉大理想多被野心家利用，大盜竊彼仁義行。」
拿破崙稱帝所何據？正恃彼自由平等博愛好名詞，先聲奪彼世人魂。
秦皇畢竟何功德？正恃彼儒墨大同尙同之教成統一。
六王畢兮四海平，詩書無罪成灰塵。
誰知今日北海之濱，拿帝再現身，千載重驚一暴秦。

念此人間眞美善兮難培難永在，四望迷茫天地昏。

我正在又感到惶惑時，我與智慧已一路經過莊子、菲希特、墨格耳之住所，到釋迦的廟前，此時天已黃昏，智慧這小孩，在暮色蒼茫中，好似變成了大人。他對我說：

你這些問題，我可以本我對於儒家、莊子、及菲希特、墨格耳、釋迦之敎，與你一粗淺的答覆。因釋迦是不說話的，菲希特、墨格耳的話太多，現在天已晚了。我本想帶你去看看釋迦後學之龍樹，他亦卽住在此廟中。但是我恐他所說，表面與你今日所聞不調和，還是就我所知，尅就你之問題，與你以一方便的答覆吧。於是他說：

爲告君心勿悲慨，君心應更有好懷。
人生最貴祥和氣，悲慨自苦空爾爲。
世間眞美善多、或僞醜惡多，畢竟誰曾計算來？
拿氏帝業亦往事，秦皇而今安在哉。
代大匠斲終傷手，梟雄命運亦堪哀。

聖哲求仁得仁復何怨，詩書刼後更光輝。
若非君心好眞理，如何惡彼虛言僞語淆正聞？
若非君心好彼美？如何惡彼庸俗醜怪徒紛紛？
若非君心有愛亦有敬，如何惡彼矜驕侮慢與殘忍？
若非人人之心皆知仁義好，大盜何須竊彼仁義行？
一念回頭，便知人性皆好善；春回大地，只待反身誠。

世間善惡、美醜、眞僞恆相對，誠哉此事古難全。
人有悲歡離合，月有陰晴圓缺，何須把酒問靑天。
世若無反面，正面何由顯。
反反更顯正，正見于反反。
人愛花好月圓，正因花曾殘兮月曾缺。
人若不知悲莫悲生離別，又何有樂莫樂重相識。
人固常離彼眞美離彼善，然久別重逢更是情懷熱。

人固常陷入僞醜與罪惡，然人能否定彼僞醜惡，以實現眞美善，更見眞善美之至眞而至實。

人間之僞醜惡，永爲人之求眞善美心之所否定。

此見人之求眞美善之心，常挺拔于僞醜惡之上以超臨。

家貧出孝子，國亂顯忠臣。聖賢豪傑皆是時窮節乃見，留取丹心照汗青。

若非旣倒狂瀾翻不盡，

何來仁人志士，冷風熱血滌乾坤。

人間惡僞醜之出現縱無窮盡，人之求眞美善之心，超臨于上者亦無窮盡。

以人求眞美善之心之無窮盡，窮彼惡僞醜之無窮盡；乃見此自強不息之人生，卽一包含其反面之否定，以成就其自身之至善之流行。

世間僞醜罪惡無邊更何畏，直養吾心浩氣，沛乎塞蒼冥。

大澤焚而不能熱，河漢冱而不能寒，

疾雷破山風振海，吾又何驚。

欲去世間一切反于眞善美之僞醜惡須大勇，大勇還須依彼大慧爲之根。

大慧知彼一切僞醜惡之本，此本唯是一無明。

無明非如叔本華所謂一獨立之盲目意志。唯由無明蔽彼本來淸淨之心性，乃有盲目意志生。

無明果何物？如彼一黑暗，蔽障眾光明。

彼黑暗本身實非一物，一遇光明遁無形。

無明卽蔽障，蔽障生執著，萬惡皆由執著生。

此義誠廣大，此義實淵深。深義誠難達，淺言以喻深。

君不見執一色而眾色不見，執一音而眾音不聞。

不備眾音不成章，不備眾色不成文。

聲色之不和不美無他故，正由不明彼遺色遺聲何處尋？

執一義而眾義隱沒，執一理而眾理隱淪。
一義一理成獨斷，無窮僞妄思想言說于茲生。
執彼軀殼求長生，執彼美色縱慾情。
執彼財物不能捨，執彼權位與名聞。
好利好色好名好權，貪得更無饜，渾忘我外有他人；
對彼他人之心更復無所明，何來惻隱、愛、敬、情？
謂人阻我貪慾之滿足，生瞋忿；視人如物，侮慢殘忍更何論？

一切僞醜惡，本于無明執着，然復須知一切無明，初皆明上託。
人若全無明，亦復無無明，唯因所明有限而自限于所明，
如明一色一音一義一理，不明其他而陷溺于所明，——明入地中喪其明，而無明——乃一面有所執之法，一面有所執之我。
此無明，此我執法執，初正依于人之一往只向其所明自限，以陷溺，
故汝自限于汝所知所明之眞美善，而陷溺于其中，汝將依舊墮無明。

君不見世間一切學人，同不免蔽障，或蔽于遠，或蔽于近，或蔽于古，或蔽于今；
或蔽于博、或蔽于約、或蔽于淺、或蔽于深。
萬物莫不相爲蔽，蔽之種類更無窮盡。
人有所蔽，而生邪見偏見，執之不捨，宛轉曲護，以盛氣凌人，亦是癡貪起見嗔。
嗔錟迷天長不悟，學術亦可毀乾坤。

人皆知眞美善兮誠可愛，人當知最可愛者，唯是能不斷拓展所知眞美善之心態。
然復須知拓展循何道？正是一度忘汝所謂眞美善。
忘汝所謂眞美所謂善，廓然無繫大開懷。
不思我兮不思物，心如虛空無疆界。
觀彼一切本無今有有還無，我之生前死後面目更何在。
觀彼滄海變田田變海，一切幻化緣生無主宰。
識得諸行無常、法無我，坐斷乾坤與古今。
貪瞋癡慢無託處，偏見邪見將何憑。

江天一色無纖塵，皎皎空中孤月輪。
畢竟空兮無所執，唯有此心長寂淨。
畢竟空兮，「空」亦空，還觀萬法在長空。
我無我兮，人皆我，長以悲心待有情。
悲眾生之苦，如己苦；悲眾生之無明，如己之無明。
大悲大願更無盡，菩薩發心，未自度而先度人。
此是佛陀由大智生悲教，大智生自無無明。
無無明，生自不向所明中，沉陷成執着，此須暫忘所知之善美眞。
空教如斯君莫怖，須知有此大智大悲心，卽可顯示無限永恒之善美眞。
此心如虛空無執，卽無限；如虛空不爛，卽永恆。
如來三十二相好，卽至美；如如觀世間之事物與義理，卽至眞。
大悲大智卽至善，常樂我淨，卽純一不已之至誠。
佛菩薩未自度先度人，願入地獄，正同彼上帝命其獨子降世，爲人贖罪救人魂。

知彼一切眾生無邊罪苦，皆以無明為之本，

卽知彼一切罪苦之拔除，皆以智慧為之因。

知彼世間一切，皆無常幻化緣生無主宰。

卽知彼世間一切罪苦，亦無常幻化而無不可去；一切世間之眞美善，皆可以智慧為因緣而生。

明彼無明卽無無明，而知無明非眞實，無明原是人心之客塵。

由此而世間必可淨化之大信心。

由此而有不畏一切世界罪苦，而轉化之之大勇猛，與自强不息之大精進。

嗟乎，耶穌教愛信上帝，孔子教仁信本心，釋迦教慈悲，無我更無神。

有神，無神，有我，無我，口舌相爭何日已，須知愛與慈悲，同是依于仁。

耶穌有我而忘我，正是求彼神心天心入我心。

釋迦無我無神，正所以忘我，自覺心性本淨處，成佛證常我以如神。

耶穌謙卑信望為始點，而止于愛，正是由禮信以至于仁。

釋迦觀空無我爲始點，而止于悲，正是以智照物，以義自制，而止于仁。

二者之教，如環相向復相生，環中同在大盡其心、知其性。

識得我之本心卽天心，原以仁義禮智信爲其性，萬物皆備于我之忘我之我，人至誠卽如神。此是儒家大法輪。

識得儒家存心養性，卽備物通神明之教；

才眞知心佛眾生無差別，人與神兮共一城。

人文皆是人心人性之表現，又何能不尊彼科學、哲學、文學、藝術、政治、經濟所求之善美眞？

汝須牢記人性、神性、人文原不二，乃有「中西印之最高人生智慧，原是貫通」之大慧，才知世界學術，百川無不注諸海，羣山自古出崑崙。

黃河九曲憑君渡，峯迴天外任君行。

百慮殊塗終一致，涵天蓋地是人生。

我一面聽智慧講話，已離開釋迦龍樹之廟很遠，此時似已夜深。遠見他們所居廟，正似梵王宮殿月輪高。我帶着無盡靜寂的心情，再走上歷歷白榆的道上。

智慧說將再帶我回頭更向東去看，看人類未來的前途，突然使我生一莫大的歡欣與鼓舞。

我相信在那人類未來的前途中，人類一定是更能依照那一切聖哲之眞美神聖愛敬慈悲之道走的。而且我一定要去作我一些份內的事，那我亦就可重回到人間，回到我的家庭與社會人羣內了。於是我們很快的向前走，誰知剛走到我們原來之出發點。智慧忽然「爲我一揮手，如聽萬壑松」，我即醒悟。我原來正在此走向更好的人類未來前途之路上，而此世界亦確實是將要遵我們所聞之聖哲的指示而前進，到眞正和平安寧之境界的。於是我的心亦當下獲得一和平安寧。

國家圖書館出版品預行編目資料

心物與人生

唐君毅著. – 校訂版. – 臺北市：臺灣學生，民 78

面；公分 –(唐君毅全集；卷 2 之 1)

ISBN 978-957-15-0528-2 (平裝)

1. 唯心論

143.51　　82003106

唐君毅全集　卷二之一

心物與人生

著作者：唐君毅
出版者：臺灣學生書局有限公司
發行人：楊雲龍
發行所：臺灣學生書局有限公司
臺北市和平東路一段七五巷一一號
郵政劃撥戶：〇〇〇二四六六八號
電話：（〇二）二三九二八一八五
傳真：（〇二）二三九二八一〇五
E-mail: student.book@msa.hinet.net
http://www.studentbook.com.tw

本書局登記證字號：行政院新聞局局版北市業字第玖捌壹號

定價：新臺幣二〇〇元

一九八九年八月全集校訂版
二〇一八年五月全集校訂版四刷

19106

ISBN 978-957-15-0528-2 (平裝)